# 나이 들 용기

비로소 시작에
접어든 당신께

21세기 북스 드림

# 나이 들 용기

앞으로의 생을 어떻게 살아갈 것인가

비로소 시작에 접어든 당신께

기시미 이치로 지음
김지운 옮김

21세기북스

나이 들수록 사물의 의미를 더 깊이 음미할 수 있게 됩니다.
자칫 불안만을 느끼기 쉬운 노년의 시기를
지금 여기를 살아가는 기쁨과 함께 걸어갈 수 있도록
이 책이 작은 길잡이가 되기를 바랍니다.

2024년 4월  기시미 이치로

차례

# 제8장 '우리'를 주어로 생각해야 합니다

제1장

# 인생, 내리막이 최고!

# 산다는 것은 나이를 먹는 것

:

사람은 누구나 나이를 먹습니다. 매해 한 살씩, 착실하게 먹지요. 나이 들고 싶지 않다고 한숨을 내쉬면서 장수를 바라는 이도 있지만, 이는 성립할 수 없습니다. '산다는 것'은 곧 '나이를 먹는 것'이니까요. 나이가 들면 몸도 변합니다. **젊을 때는 '성장'으로 느끼던 몸의 변화를 언젠가부터 '쇠퇴'라고 느끼게 됩니다.** 대부분은 그렇게 노화를 실감할 테지요.

저 역시 이런 몸의 쇠퇴를 통해 나이가 들었음을 처음 실감했습니다. 여성은 아이를 한 명 낳으면 이가 하나 빠진다는 말이 있는데, 저는 책을 한 권 완성할 때마다 이가 하나씩 빠지더군요.

물론 젊은 시절에는 없었던 일이지요. 에너지를 크게 소모

제1장 인생, 내리막이 최고!

했을 때 이가 빠지는 경험을 하고 나니, 저도 나이를 먹었다는 생각이 들었습니다.

약해진 이가 일상생활에 주는 영향은 몹시 큽니다. 잘 씹지 못하게 되니 일단 식사에 지장이 생기지요. 치료가 필요해지면 치료를 받느라 고생할 뿐만 아니라 외모에도 영향을 미칩니다. 이가 빠지면 그것만으로도 입 주변 인상이 달라지고, 아무래도 늙어 보일 수밖에 없습니다.

그때까지만 해도 이 때문에 고생하거나 고민한 적이 없던 저는 틀니가 필요해지자 '이게 바로 늙는 거구나' 싶어 상심했습니다.

이가 약해진 다음에는 눈의 노화를 느꼈습니다. 눈의 노화는 통증도 없고, 외모에도 큰 영향을 주지 않기에 이가 약해지는 것만큼의 타격은 없습니다. 하지만 일하느라 아침부터 밤까지 책을 읽거나 컴퓨터 모니터를 들여다보며 원고를 쓰는 저에게는 사활이 걸린 문제입니다. 온종일 활자를 보아야 하는 제가 노안으로 글자를 읽지 못하게 된 것은 상당히 충격적인 경험이었습니다.

이런 신체기능의 쇠퇴는 불가역적인 현상입니다. 물론 오늘날의 의료 기술로 고통을 경감시키거나 진행을 늦추는 일은 어느 정도 가능하겠지요. 하지만 결코 원래대로는 돌아갈 수 없습니다.

예전으로 돌아갈 수 없다는 현실을 어떻게 받아들일 것인가. 이는 나이 듦을 생각하는 데 있어서, 또 병과 마주할 때 그야말로 '핵심'이 되는 주제입니다. 한탄하거나 현실에서 눈을 돌릴 것이 아니라 '지금, 여기'에 있는 자신과 어떻게 어울릴 것인가를 생각하는 수밖에 없습니다.

# 열여덟 살로 돌아가고 싶나요?

:

애초에 인간은 왜 노화를 서글퍼하는 걸까요?

일반적으로는 '쇠퇴해 가는 것'이 늙음이기에 쇠퇴의 증거를 눈앞에서 확인하면 누구나 충격을 받습니다. 하지만 우리는 젊은 시절 절정을 찍고 나면 그다음부터는 비탈길을 굴러 떨어지듯이 쇠퇴하며 온갖 것을 잃지요. 늙음에는 이런 이미지가 따라다닙니다.

이렇게 나이가 들면서 많은 걸 잃게 되는 건 사실이지만, 꼭 마이너스만 있는 건 아닙니다.

배우인 히노 쇼헤이(火野正平)가 자전거로 전국을 여행하는 '일본 종단 마음 여행'(NHK BS 프리미엄)이라는 방송이 있습니다. 이 방송의 핵심 문구는 '인생 내리막이 최고!'입니다.

자전거를 타고 언덕을 오르려면 무척이나 힘이 듭니다. 그렇지만 다 올라가고 나면 반드시 내리막이 있지요. 바람을 가르며 내려가는 비탈길은 상쾌합니다. 인생도 젊을 때는 꿈과 목표, 야심, 조바심 등 많은 걸 짊어지고 필사적으로 페달을 밟아 왔지만 '여기서부터는 어깨의 짐을 내려놓고 가뿐하게 즐기자!'라고 생각할 수 있다면 인생 후반전에 펼쳐지는 풍경이 완전히 달라질 겁니다.

'늙은이 로(老)'라는 한자는 허리가 굽은 장발의 노인이 지팡이를 짚고 있는 모습을 본뜬 상형문자라고 합니다. 그런데 에도시대의 로주[1]라는 직책, 중국어의 노사[2]라는 단어에는 부정적인 함의가 없습니다. 눈에 보이는 모습이 아니라 그 사람이 축적해 온 지식과 경험에 주목하기 때문입니다.

"열여덟 살 무렵의 자신으로 돌아갈 수 있다면 돌아가겠습니까?"

저는 상담을 할 때 이런 질문을 자주 합니다. 거울에 비치는 모습은 젊고 발랄한 데다가 체력도 있고 밤샘도 가능하겠지요. 그렇지만 50, 60대의 대부분은 "돌아가고 싶지 않다"라고 답합니다. 지금의 자신에게 있는 지식과 경험을 가진 채로 돌

1 老中. 장군에 직속되어 정무를 통할하던 사람.
2 老師. 나이 많은 스승.

아갈 수 있다면 모르지만, 모든 것이 리셋되어 처음부터 다시 시작해야 한다면 싫다고 말하지요.

인생을 살면서 좋은 일만 있지는 않았을 테지요. 괴로운 일도 겪고, 싫은 일도 있었을 겁니다. 하지만 그걸 포함해서 지금까지의 발자취, 축적해 온 것을 놓고 싶지 않다는 사람이 많습니다. 늙는 게 쇠퇴라며 한탄하지만, 젊은 게 마냥 좋으냐 하면 그렇지도 않습니다. 젊은 시절의 상태가 최선이라고 생각하지 않는 사람도 있는 것이지요.

저도 이에 동감합니다. 저 같은 경우 모두 리셋하고 젊어진다면 젊은 시절에 골머리를 앓으며 간신히 배운 그리스어를 처음부터 다시 배워야 합니다.

'위편삼절(韋編三絶)'이라는 말이 있습니다. 공자가 만년에 《주역》을 여러 번 즐겨 읽느라 꿰맨 가죽 끈이 몇 번이나 끊어진 일화에서 비롯해 '반복해서 읽는다'라는 의미로 쓰입니다. 저는 그리스철학 고전을 원어로 읽으려고 사전을 세 권이나 망가트렸습니다. 다 닳아서 너덜너덜해지면 다시 사기를 반복하며 열심히 공부했기에 이 나이에 이르러서는 그리스철학의 대작을 번역할 수 있었습니다. **노력의 세월을 쌓아왔기에 비로소 할 수 있는 일도 있는 것이지요.**

# 시작하기 전부터 '못 한다'는 말은 거짓말

:

한편, 저는 60세가 되어 처음으로 한국어를 배우기 시작했습니다. 한국에서 강연할 일이 늘었기 때문입니다.

그리스어나 영어, 독일어, 프랑스어 등 유럽 언어는 오랫동안 배워 왔기에 읽을 수 있지만, 아시아 언어는 지금까지 한 번도 배울 기회가 없었던 터라 한국어는 아무런 기초 없이 시작했습니다. 요즘에는 한국인 선생님과 함께 책을 읽고 있는데, 아직도 초보적인 실수를 할 때가 있습니다. 젊은 시절로 돌아간다는 것은 언어를 배울 때 초보적인 실수를 하는 것처럼 온갖 일에서 실수하고, 무지와 경험 없음을 통감하는 일입니다.

하지만 새로운 것을 배우는 일은 분명히 가슴 뛰는 즐거운 경험입니다. 물론 힘든 점도 있겠지만, 지금까지 쌓아온 것을 리셋하는 일 없이 젊은 시절로 돌아갈 수 있어, 젊음을 유사하게 체험할 수 있으니까요.

누구나 할 수 있습니다. 특별한 재능이나 적성도 필요 없고, 아주 약간의 도전 정신만 있으면 됩니다. 오스트리아의 정신과 의사이자 심리학자 알프레드 아들러의 말을 인용하자면 **'불완전할 용기'**입니다.

새로운 것을 시작할 기회를 눈앞에 두고, 여러 가지 이유를 들며 '무리다', '못 한다'라고 말하는 사람이 있습니다. '젊은 시절처럼 암기를 못 한다, 어려워서 이해할 수 없을 것 같다, 이제 체력이 안 따라 준다, 시간은 차고 넘치는데……' 하며 말이지요.

이는 정말로 못 하는 게 아닙니다. 고등학생 때처럼 노력하면 처음 접하는 언어도 습득할 수 있습니다. 그런데도 **시작하기도 전부터 '못 한다'라고 정하고 들어가는 이유는 불완전한 자신을 받아들이지 못하거나 받아들이고 싶지 않기 때문**입니다.

아들러가 말하는 불완전은 인격이 아니라 새롭게 시도한 것에 대한 지식이나 기술의 불완전함입니다. 새로운 것을 시작하면, '못 하는' 자신과 곧바로 마주하게 됩니다. 새로운 일이기에 못 하는 게 당연합니다. **'못 하는' 자신을 받아들이는 것**

이 '할 줄 알게 되는' 첫걸음입니다.

한국어 공부를 시작했다는 이야기를 강연회에서 했더니, 70대 중반의 남성이 말을 걸더군요. 그분은 64세에 중국어 공부를 시작해 현재는 통역 가이드 일을 하고 있답니다. "공부는 몇 살이든 시작할 수 있다"라며 격려해 주셨습니다.

그때 저는 한국어 공부를 시작한 지 2년 정도밖에 안 되던 때여서 학습 경력은 짧았지만, 그래도 한국어로 쓰인 책을 읽을 수 있게 되었습니다.

〈조선일보〉에서 의뢰를 받아 짧은 서평을 한국어로 쓴 적도 있습니다. 물론 사전에 한국어 선생님이 첨삭해 주셨고, 쓰고 싶은 것이 있는데 실력이 부족한 탓에 생각처럼 안 써졌지만, 성취감은 있었습니다.

한국어 다음으로는 중국어를 공부하고 싶습니다. 대만에서 강연할 기회가 있었는데 그때 중국어로 조금 이야기해 보면서 흥미를 느꼈기 때문입니다.

젊은 시절의 공부는 경쟁에 내몰리거나 결과를 요구받습니다. 하지만 이 나이가 되면 평가나 평판을 신경 쓰지 않고 배우는 기쁨을 순수하게 맛볼 수 있습니다. 나이 듦의 특권이라고 할 수 있겠지요.

# 세월을 쌓아야 비로소 깊이가 생깁니다

:

저는 플라톤의 《티마이오스》를 4년에 걸쳐서 번역해, 2015년 59세의 나이에 출판했습니다. 젊었을 때 같으면 이를 대학 입학이나 취직을 위한 스펙으로 평가받고 싶다고 생각했을지도 모릅니다. 하지만 그런 걸 따지지 않고, 이 어려운 일에 몇 년이나 시간을 들인 것 자체가 저에게는 큰 행복이었습니다.

《티마이오스》는 서양에서는 플라톤의 저작 중에 가장 널리 읽히는 작품입니다. 하지만 일본에서는 새로운 번역이 40년 넘게 나오지 않았고, 그마저도 손에 넣기 어려웠습니다. 저는 이 중요한 작품을 전문가뿐만 아니라 대중들도 읽었으면 하는 바람에서 번역에 착수했는데, 당시는 그리스어에서 손을 놓은 지 10년도 넘은 때였지요. 이렇게 긴 공백이 있었지만,

다행히 조금도 잊어버리지 않았더군요. 잊어버리지 않았을 뿐만 아니라 젊은 시절보다도 잘 읽었습니다.

그리스어가 어려운 것은 지금도 마찬가지지만, **쓰여 있는 내용에 대해서는 지금이 훨씬 더 깊이 있게 이해하는 것 같습니다.** 인생 경험 덕분인지도 모릅니다. 그리스어에서 떨어져 있던 시기에 아들러 심리학을 배웠던 것도 이해가 깊어지는 데 일조했습니다. 직접적으로 도움이 되었다기보다는 보조선을 그어 준 느낌입니다. 기하학 문제를 풀 때 보조선이 있으면 그때까지는 보이지 않았던 형태가 분명하게 보이듯이, 아들러 심리학을 배운 것이나 다양한 인생 경험이 철학 이해에 깊이를 더했을 것입니다.

정신과 의사인 가미야 미에코는 일기에 "과거의 경험도 공부도 모두 살려서 통일할 수 있다니 이 얼마나 감동인가. 매일 그걸 생각하고, 생각할 때마다 깊은 기쁨이 가득 차오른다"라고 적었습니다[《가미야 미에코 일기(神谷美惠子日記)》].

나이가 들면 지금까지의 인생에서 자신이 배우고, 경험하고, 축적해 온 모든 것을 집약해서 무언가를 표현할 수 있습니다. 주위의 평가를 신경 쓰는 일 없이 배움의 기쁨을 만끽할 수 있지요. 게다가 젊은 시절보다 깊이 있는 이해가 가능해집니다. 나이 듦의 긍정적인 측면이며, 강점이라고도 할 수 있습

제1장 인생, 내리막이 최고!

니다.

저는 젊은 시절 학생 오케스트라에서 호른을 연주했습니다. 만약 지금 연주할 기회가 있다면 기술적으로는 그 시절에 미치지 못한다 하더라도, 조금만 연습하면 그 시절보다 훨씬 질 높은 연주를 할 수 있지 않을까 싶습니다. 그 후로 악기를 손에 드는 일은 없었지만, 음악은 계속 들었고, 음악에 대한 이해도가 젊은 시절과는 다르니까요.

이런 식으로 나이 듦의 가치를 인정할 수 있다면 인생 후반전이 훨씬 더 즐거워질 것 같습니다. 나이 듦의 긍정적인 측면을 체감하기 위해 젊은 시절에 하던 것을 다시 한번 해 보면 어떨까요? 해 보고 싶었는데 지금까지 하지 못했던 일에 도전하거나 완전히 새로운 세계에 뛰어들어 보기를 추천합니다.

젊은 시절에 읽고 어렵다고 느꼈던 책이나 언젠가 읽고 싶어서 책장에 잘 꽂아뒀던 책을 펼쳐 보는 것도 좋겠지요. 지금이라면 다른 방식으로 감상하며, 새로운 발견을 할 수 있을 겁니다.

제2장
## '그렇지만…'의 벽을 넘어섭시다

# 위가 아닌 '앞'을 지향합시다

:

세상에는 사용 방법에 따라서 독이 되기도 하고 약이 되기도 하는 것이 있습니다. 그중 하나가 '욕망'입니다. '돈, 친구, 지위·직함' 등 수많은 '갖고 싶은' 욕망은 불안이라는 이름의 부작용을 동반합니다. 무언가를 가진 사람은 '더 많이' 갖고 싶어 할 뿐만 아니라 이미 가진 것을 잃을까 봐 두려워하게 되기 때문입니다. 무언가를 가짐으로써 행복을 얻었다고 해도 그것은 지속되지 않습니다.

반대로 "나이가 들면서 욕망이 완전히 사라졌다"라고 말하는 사람도 있습니다. 이때의 무욕(無欲)은 때로 무기력이라는 합병증을 일으켜서 신체적인 쇠퇴에 가속도를 붙이기도 합니다. 의욕을 계속 유지하는 것은 살아가는 데 있어서 매우 중요한 일입니다. 달리 말하면 목표, 꿈 혹은 삶의 보람이라고도 할 수 있겠지요.

일본에는 '고담[3]'의 경지를 미덕으로 여기는 문화적 토양이 있지만, 의욕까지 시들게 해서는 안 됩니다. 아들러는 '인생은 목표를 향한 움직임'이며, 사는 것은 '진화하는 것'이라고 말합니다.

인간은 몇 살이 되어도 진화할 수 있습니다. 다만, 주의해야 할 것이 하나 있습니다. '어디를 향해 진화할 것이냐'를 올바로 알고 나아가야 합니다.

아들러가 말하는 진화는 위가 아닌 '앞'을 향한 움직임을 가리킵니다. 즉 **누군가와 비교해서 '위냐, 아래냐'의 잣대로 재는 것이 아니라 현재 상황을 바꾸기 위해 한 걸음 내디딘다**는 말입니다.

새로운 일에 도전하는 것뿐만 아니라 지금까지 해 온 것을 꾸준히 이어가는 일이나 일상생활을 즐겁게 하기 위한 소소한 궁리도 소중한 '한 걸음'입니다.

위가 아니라 '앞'을 지향하는 것은 의외로 어려운 일인지도 모릅니다. 특히 젊은 시절은 다른 사람과의 경쟁을 전제로 '더욱 뛰어난 내가 아니면 안 된다'라고 생각하기 마련이니까요.

3 枯淡. 글이나 그림 따위의 표현이 꾸밈없고 담담함을 이르는 말.

지금의 자신보다 뛰어나고 싶다고 생각하고, 그러기 위해 노력한다면 그 노력은 건전합니다. 거기에 다른 사람과의 경쟁이나 승패를 끌어들일 필요는 없습니다. 승패나 다른 사람의 평가에 연연하기보다는, '어제 하지 못했던 일을 오늘은 해냈다'라고 느끼는 게 중요합니다.

　어제와 오늘만 비교해서 실감하기 어렵다면, 반년 전 혹은 1년 전의 자신을 떠올려 보기 바랍니다. 어떤 일이든, 몇 살부터 시작하든, 꾸준히 계속해 나가면 반드시 변화를 느낄 수 있을 겁니다.

　아들러의 말을 빌리자면 이는 **건전한 우월성 추구**입니다. 이 기분 좋은 느낌은 인생에 젊은 생기를 가져다줍니다.

　하지만 성가시게도, 다른 사람과 비교해서 위아래 서열을 매기려는 사람이 우리 주변에는 넘칩니다. 이를 의식해서 떨쳐내지 않으면 '이겼다', '졌다'라는 자기 진단에 휘둘리고 맙니다.

　우선은 다른 사람과 비교하는 자신을 알아차리고, 다른 사람과 비교하지 않게 되면 그것만으로도 마음이 가벼워집니다.

# 뺄셈이 아니라 '덧셈'으로 살아갑시다

:

확실한 변화와 진전의 느낌이 있는데도 이를 기뻐하지 못하고, 꿈이나 목표를 내던지고 마는 경우도 있습니다.

그 원인 가운데 하나가 '뺄셈' 사고입니다. 이상적인 자신에서 뺄셈으로 지금의 자신을 보는 것입니다.

이 '뺄셈' 사고는 동기부여에 큰 영향을 줍니다. 한국어 공부를 시작한 지 몇 년이 된 제가 만약 '통역 없이 한국어로 강연할 수 있게 되는 것'을 이상으로 삼고, 거기에서부터 뺄셈으로만 지금의 실력을 평가한다면 일상의 즐거운 공부는 고행이 되고 말 겁니다. **다른 사람과의 비교뿐만 아니라 이상적인 자신과 비교하지 않는 것**도 중요합니다.

이전에는 고작 강연을 시작하면서 인사와 자기소개를 하는 것이 전부였지만, 지금은 몇 마디 더 할 수 있게 되었습니다. 물론 통역하는 분의 힘을 빌리지 않고 강연하려면 아직 멀었지만, 저는 설령 아주 작은 진보라고 해도 덧셈인 부분에 주목합니다. 아들러가 말하는 '건전한 우월성 추구'를 위해서는 **이상으로부터 감점하는 방식이 아니라 자신이 쌓아 온 것을 가산하는 방식으로 평가하는 눈을 가져야 합니다.**

그런 시점으로 의식해서 찾아보면 가산점을 줄 부분은 의외로 많습니다. 물론 여전히 못 하는 일도 있지요. 특히 나이를 먹고, 신체적인 쇠퇴가 현저해지면 그 부분에만 시선이 가서 자신의 가치를 감점해서 평가하기 마련입니다.

'예전에는 씩씩하게 걸었는데, 최근에는 금세 지친다. 무릎이 아파서 걸을 수 없다. 무릎도, 허리도, 여기저기 안 아픈 데가 없어서 비참하다.' 여기에도 '뺄셈' 사고가 작동하고 있습니다.

젊고, 건강하고, 체력도 있었던 '예전의 자신'을 이상으로 삼고, 거기에서부터 감점 방식으로 지금의 자신을 보고 있지요. 하지만 예전처럼 씩씩하게 오래 걷지는 못해도, 산책 습관을 이어 온 덕분에 산책 친구가 생겼다거나 걷는 속도는 떨어졌어도 천천히 걷게 된 덕에 그때까지는 알아차리지 못했던 길가의 풀꽃이나 계절의 향기에 민감해졌을지도 모릅니다. 이처럼 시점을 조금만 바꿔도 많은 '가능성'을 발견할 수 있습니다.

저는 50세 때 심근경색으로 쓰러져 한 달 동안 입원 생활을 하고, 1년 뒤 관상동맥 우회 수술을 받았습니다. 전신마취를 하고 심장을 멈춘 뒤 인공심폐장치를 사용하는 수술이었지요. 요즘에는 이런 큰 수술을 받아도 병실로 돌아와 곧바로 재활을 시작합니다.

먼저 침대에서 몸을 일으켜, 옆에 있는 의자까지 이동해서 맥박과 혈압 등의 바이탈 체크를 받았습니다. 수술한 지 얼마 되지 않았으니 이것만으로도 힘겨웠지요.

그런데 수술 후 3일째 되는 날, 간호사 스테이션까지 걸어 가 보니 의외로 멀쩡하게 걸을 수 있었습니다. 그 뒤로는 조금 씩 걷는 거리를 늘렸고, 제법 오래 걸을 수 있게 되면서는 계단을 오르락내리락했습니다. 재활의 일상은 그야말로 '어제 못했던 것을 오늘은 해냈다'라는 작은 한 걸음의 연속입니다.

같은 수술을 받은 다른 환자와 경쟁하는 것이 아닙니다. 재활은 다른 사람과 비교하는 일 없이 가산점 방식으로 '건전한 우월성'을 추구하는 것이지요. **누군가와 비교하지 않아도 매일의 작은 한 걸음이 커다란 기쁨이며, 그것이 격려가 되어 살아갈 의욕이 솟아난다**는 걸 깨달았습니다.

# '그렇지만'이 입버릇이 되지는 않았나요?

:

"마라톤을 해도 될까요?"

퇴원을 코앞에 둔 어느 날, 저는 주치의 선생님께 이런 질문을 했습니다. 그러자 "한번 해 보셔도 될 것 같은데요?"라는 의외의 대답이 돌아왔습니다.

저에게 이 대답이 의외였던 이유는 아무리 그래도 관상동맥 우회 수술을 한 몸으로 마라톤은 무리일 거라 생각했기 때문입니다. 이때 주치의 선생님의 대답을 통해, 자신의 가능성을 '분명' 무리, 못 할 게 '뻔하다'라는 확신의 틀에 가두지 말고 '가능할 수도 있다'라고 생각해 보는 것이 중요하다는 사실을 배웠습니다.

단지 병에만 해당하는 이야기가 아닙니다. 혹시 당신은 나이가 들었다는 이유로 많은 것을 포기하고 있지는 않나요?

아들러는 '**누구든, 뭐든 이뤄 낼 수 있다**'라고 말합니다. 물론 할 수 없는 일도 있지만, 처음부터 '할 수 없어'라며 포기하지 않고, 도전한다는 것 자체에 가치가 있습니다. '할 수 있을지도 몰라'라고 자신의 가능성을 믿고, 우선 한 발짝 내디뎌 봅시다. 의외로 할 수 있을지도 모르니까요.

'언젠가', '머지않아'라고 말하는 사람은 사실 '아니야, 도저히 안 될 거야' 하며 꽁무니를 빼는 것이나 마찬가지입니다. "해 보는 게 어때요?"라고 제안해도 "네, 그렇지만…"이라는 대답이 돌아올 때가 있습니다. 사실 할지 말지를 두고 고민하는 게 아니라 '하지 않겠다'라고 선언하는 것과 다름없지요. 이 '그렇지만'의 벽을 넘지 않으면 앞으로 나아갈 수 없습니다.

저는 상담을 하며 대화 중에 상대방이 '그렇지만'이라고 말하는 횟수를 셀 때가 있습니다. 그 뒤에 이어지는 이야기는 대부분 변명인데, 그것을 부정하는 게 아니라 "오늘 세 번째 '그렇지만'이네요"라고 알려 줍니다. '그렇지만'이 입버릇이 되었다는 사실을 본인 스스로 깨닫는 것이 중요하니까요.

시험 삼아 오늘의 '그렇지만'을 세어 보시기를 바랍니다. 그리고 어떤 때 '그렇지만'이라고 말하는지를 생각해 보세요. '그렇지만'이 많다는 사실을 깨달으면, '그렇지만'이라고 말할 것 같을 때 그 말을 꾹 참아 보는 겁니다. 그리고 일단 해 보는 거예요. 의외로 할 수 있습니다.

# 사람의 가치는 생산성으로 정해지는 게 아닙니다

:

재활 이야기로 돌아가 봅시다.

스스로는 꽤 걸을 수 있게 되었다고 생각했는데, 막상 퇴원하니 현실의 벽에 부딪히게 되더군요. 거리를 걸으면 발길 닿는 곳마다 턱이 있고, 보도에는 미묘한 경사도 있습니다. 병원 안처럼 공기청정기로 온도와 습도를 늘 일정하게 유지해 주는 게 아니기에 얼마 걷지 않았는데 지칠 때도 있습니다.

재활을 열심히 하던 사람이 퇴원한 후 입원 전 혹은 병에 걸리기 전처럼 몸을 움직일 수 없다는 사실에 충격받고 좌절하거나 재활을 그만두는 일도 있습니다.

병원이 쾌적한 것은 물리적으로 배리어 프리[4]인 환경이 갖춰져 있을 뿐만 아니라, 그곳에 있는 동안은 경쟁에서 벗어날 수 있기 때문입니다. 자신만이 몰두해야 할 과제로 '우월성 추구'에 온 마음을 다할 수 있기에 승패를 생각하지 않아도 되지요. 병원에 있을 때 느낄 수 있는 행복입니다.

그렇다면 해결책은 하나입니다. 퇴원한 뒤에도 입원했을 때와 마찬가지로 **다른 사람과의 경쟁을 의식하지 않고 살기로 마음먹으면 됩니다.** 가산점 방식으로 '할 수 있는 일'에 주목하면, 입원 중에 느꼈던 기쁨과 행복을 퇴원 후에도 계속해서 느낄 수 있습니다.

오늘날은 여러 분야에서 성과의 크기가 중요시되며, 사람의 가치를 '생산성'으로만 판단하는 듯한 말을 자주 듣는 시대입니다. 일할 때는 분명 생산성도 중요하지만, 사람의 가치를 생산성에 두어서는 안 된다고 생각합니다.

병에 걸려서 혹은 나이가 들어서 이전처럼 일하지 못하게 된 사람도 있겠지요. 예전에는 솜씨 좋고 완벽하게 집안일을 했었다며 어깨를 늘어뜨리는 이도 있습니다. 하지만 자신의 가치를 생산성에서 찾지 않아도 된다고 생각하면, 몇 살을 먹든, 어떤 상황에 처하든, 자신의 존재에 가치가 있다고 느끼게 됩니다.

---

4 barrier free. 장애인, 고령자, 임산부 등 사회적 약자들의 사회생활에 지장이 되는 물리적인 장애물과 심리적인 장벽을 없애기 위해 실시하는 운동 및 시책.

저는 예전에 일주일에 한 번, 정신과 클리닉의 주간 보호 담당으로 일한 적이 있습니다. 그날은 이용자분들과 함께 요리를 만드는 프로그램이 있었습니다.

먼저 진행자가 메뉴를 정하고 사람들에게 "재료를 사러 가볼까요"라고 권했습니다. 하지만 선뜻 나서는 사람은 60명 가운데 5명 정도였지요. 장을 다 보고 "그럼 함께 만들어 볼까요"라고 말해도, 참가하는 사람은 15명 정도였습니다. 그런데 요리가 완성되고, "자, 이제 먹을까요"라고 말하면 모두 모여 듭니다.

그렇지만 클리닉에서는 일을 돕지 않은 사람을 절대 탓하지 않습니다. 오늘은 몸 상태가 좋아서 도왔지만, 다음 주에는 도울 수 없을지도 모르고, 이번 주도 다음 주도 도울 수 없을지도 모릅니다. 그래도 괜찮습니다.

장을 보러 가거나 요리를 한 사람뿐만 아니라 아무것도 하지 않은 사람도 맛있게 먹는 것만으로도 음식을 만든 사람에게 공헌하고 있으니까요. 일을 한 사람도, 일하지 않은 사람도 식사를 즐기는 일에 공헌하고 있습니다.

'일하지 않은 자, 먹지도 마라'가 아니라 일할 수 있는 사람이 일할 수 있을 때 일합니다. 아무것도 못 한다고 해서 미안해할 필요는 없습니다. 이것이 건강한 사회의 존재 방식입니다. 일하지 않는 사람을 탓하지 않고, 일할 수 있는 사람은 일하는 이 클리닉이 보여 준 모습은 마치 건강한 사회의 축소판 같다고 생각했습니다.

**지금 자신이 할 수 있는 일을 살리고, 어떤 상황에 있든 그곳에 있는 것만으로, 살아 있는 것만으로도 다른 사람에게 공헌할수 있습니다.** 이 사실을 깨닫게 되면 노화도 병도 더 이상 두렵지 않습니다.

공헌하고 있다는 느낌은 인생의 행복과 깊이 연결되어 있습니다. 그것은 삶의 원천이며, 행복의 주춧돌입니다. 다음 장에서는 이 '공헌감'에 관해 심도 있게 생각해 봅시다.

제3장

'살아 있는 것'만으로도 도움이 됩니다

# '아침에 눈 뜨는 일'에 행복을 느껴 보세요

:

나이를 먹으면 온갖 신체적인 쇠약에 직면합니다. 아무리 유지 보수에 공을 들여도 세월로 인해 신체 '부품'이 낡는 것은 멈출 수 없습니다. 때로는 눈에 보이지 않는 쇠퇴가 심각한 병이 되어 눈앞에 나타나기도 합니다. 갑자기 찾아와 일상을 완전히 바꾸는 그야말로 인생의 중대사입니다.

저도 경험했지만, 큰 병을 앓는 일은 정말 괴롭습니다. 병으로 인한 통증, 괴로움, 자유롭지 못함과 불편함은 물론이거니와 가장 괴로운 것은 '내일'이라는 날이 올지가 확실하지 않다는 사실입니다.

우리는 '오늘'이라는 날 다음에는 반드시 '내일'이 온다고 믿으며 삽니다. 줄줄이 엮인 그 '내일' 다음에 있는 것이 '미래'입니다.

아직 오지 않았지만, 언젠가 반드시 온다고 생각하기 때문에 '올해는 온천에 가야지'라거나 '아이가 크면', '정년퇴직하면'이라고, 먼 내일을 생각하고, 그럼으로써 마음을 밝게 할 수 있습니다.

우리는 평소에 '내일은 안 올지도 몰라'라는 생각은 하지 않습니다. 하지만 큰 병을 앓으면 오늘의 연장선에 내일이 있다는 전제를 두고 그렸던 미래가 한순간에 흩어져 사라집니다.

오늘은 분명히 살아 있지만, 그다음에 내일이 있다는 보장은 없습니다. 내일이라는 날이 올지도 모르지만, 그 내일에 내가 존재하지 않을 수도 있는 것입니다.

"환자는 무시간(無時間)의 강가에 밀려와 있다."

네덜란드의 정신병리학자 판 덴 베르흐(Jan Hendrik van den Berg)는 이렇게 기록했습니다[《병상의 심리학(病床の心理学)》]. '어제'까지의 평온한 시간도, 미래로 이어질 '내일'도 없는 무시간의 강가는 무척이나 고독한 장소입니다.

14년 전 새벽 4시 무렵, 저는 구급차에 실려 병원으로 이송되었습니다.

"심근경색입니다. 10명 가운데 2명은 사망합니다."

너무 놀라서 잘못 들었는지도 모릅니다. 하지만 살아날 가능성이 전혀 없는 상태였다면, 아마 의사도 이런 식으로는 말하지 않았겠지요. 그렇지만 제게 일어난 이변이 '죽음'에 이를 수도 있다는 사실을 알았을 때, 큰 충격을 받았습니다.

당시 저는 50세. 딸은 고등학생이었고, 아들은 막 대학에 들어간 참이었습니다. 아이들이 앞으로 어떻게 살아갈지 지켜보지 못할지도 모른다니. '죽는다는 것은 얼마나 쓸쓸한 일인가?' 하며 온갖 생각으로 머리가 복잡했던 것이 지금도 생생히 떠오릅니다.

다행히 목숨을 건졌지만, 내일이 당연히 오는 게 아니라는 것을 알게 되자 밤에 잠들기가 두려워졌습니다. 눈을 감고 잠이 들면 두 번 다시는 눈을 뜨지 못할지도 모른다는 생각에 소등 후의 병실에서 혼자 죽음의 구렁텅이를 들여다보는 기분이었습니다.

저는 잠 못 드는 밤을 수면유도제에 의지해 버티기로 했습니다. 수면유도제의 복용에 관해서는 찬반이 있지만, 죽음의 공포와 불면으로 피폐해지는 것보다는 부작용을 겪는 게 낫다고 생각했기에, 의사 선생님이 곧바로 약을 처방해 준 것이 참 고마웠습니다.

수면유도제를 먹으면 스위치가 꺼진 것처럼 갑자기 깊은 잠에 빠집니다. 그리고 아침에 눈을 뜨면 그것만으로도 행복했습니다.

"오늘도 눈이 뜨였다. 적어도 오늘은 살게 되었어!"

병에 걸리기 전에는 느낀 적이 없는 기쁨이었습니다. 그렇지만 낮에는 책도 읽을 수 없고, 음악도 들을 수 없었습니다. 초반에는 몸을 스스로 뒤척거리지도 못했습니다.

'도대체 이런 상태가 언제까지 계속되는 걸까. 혼자서는 아무것도 할 수 없고, 가족과 주위 사람들에게 폐만 끼치고 있는데, 이런 상태로 살아 있을 의미가 있는 걸까?' 하는 생각이 들더군요.

사고로 몸이 자유롭지 못하게 된 젊은이도, 돌봄이 필요한 사람도 이런 기분을 맛보지 않을까요?

우리는 '생산성'을 자기 평가나 살아가는 의미의 기준으로 여기기 쉽습니다. 죽음의 공포 다음으로 기다리고 있는 것은 '아무것도 하지 못하는 나는 살아갈 의미도, 가치도 없는 게 아닐까?' 하는 절망감이었습니다.

그런데 어느 날 문득 이런 생각이 들더군요. 만약 이렇게 입원해 있는 사람이 내가 아니라 소중한 가족이나 친구라면?

분명 부랴부랴 병원으로 달려오겠지요. 그리고 설령 **중증으로 의식이 없더라도 살아 있는 것만으로 감사하다**고 생각할 겁니다.

'그렇다면 나 역시 이렇게 살아 있다는 사실만으로도 다른 사람의 기쁨이 될 게 틀림없다!' 이렇게 생각하게 되면서 저는 조금씩 평정을 되찾았습니다.

제3장 '살아 있는 것'만으로도 도움이 됩니다

# 지금 있는 곳에서 무엇을 할 수 있나요?

:

아무것도 못 한다고 해서 인간으로서의 가치가 줄어들지는 않습니다. 이 사실을 마음 깊이 새겨야 합니다. 그러면 노화나 병에 직면하건, 젊은 나이에 큰 좌절을 맛보건 간에 앞을 향해 '다음 한 걸음을 내디딜 용기'를 낼 수 있다고 생각합니다.

입원해 있을 때 하루에 한 번 의사 선생님이 회진을 왔습니다. 여러 명의 입원환자를 보는 것이기에 본래 그날의 몸 상태나 환부의 경과를 확인하는 데 주안점을 둔 짧은 진찰이지만, 제 주치의는 진찰 후 항상 침대 옆 의자에 앉아 철학 이야기, 음악이나 책에 관한 이야기 등을 하며 오랫동안 시간을 보냈습니다.

의사뿐만이 아닙니다. 제가 상담을 한다는 사실을 안 간호사 중에는 근무 시간이 끝나고, 혹은 일부러 비번인 날 상담하러 병실을 찾는 사람도 있었지요.

그런 시간은 제 '마음의 예후'에 변화를 불러왔습니다. '의사와 간호사 선생님들의 이야기에 귀를 기울이고, 기대에 부응해 나의 지식과 생각을 말하는 걸로 공헌할 수 있다.' 이런 상태에서도 '내가 할 수 있는 일이 있다', '다른 사람에게 도움이 될 수 있다'라는 사실을 깨달은 것입니다.

얼마 안 있어 약을 먹지 않아도 편하게 잠들 수 있게 되었습니다. 내일 눈뜨면 또 누군가가 찾아오고, 그 사람에게 도움이 될 수 있을지도 모른다는 생각이 들었습니다. 내일이라는 날은 오지 않을지도 모르지만, 그렇다 하더라도 내게 주어진 오늘이라는 하루를 즐기며 살 수 있게 된 것입니다.

죽음의 구렁텅이를 헤맸던 것도, 언젠가는 죽는다는 것도 잊어버렸습니다. '오늘을 산다'라는 사실이 얼마나 멋진지를 깨달았기 때문입니다.

인간은 누구나 혼자서는 살 수 없습니다. **다른 사람에게 도움이 되고 있다는 '공헌감'은 행복의 주춧돌이며, 살아갈 힘이 됩니다.** 그리고 실제로 지금 살아 있다는 것은 아직 이 세상에 내가 해야 할 일이 남아 있다는 것입니다. 현재 놓인 상황에서 자신이 할 수 있는 일은 없는지 생각함으로써 행복을 느낄 수 있습니다.

특별한 일을 하지 않아도, 아니 하지 못해도 괜찮습니다. 살아 있다는 사실만으로 다른 사람에게 공헌할 수 있고, 도움을 받기만 하더라도 그로써 도움을 주는 사람이 '공헌감'을 느끼는 데 도움을 주기 때문입니다.

제가 병에 걸렸을 때 저를 돌보느라 밤늦게 귀가하는 아내를 위해 고등학생이었던 딸은 매일 저녁밥을 차렸습니다. 나이가 들면서 쉽게 우울해하던 아버지는 갑자기 기운을 차리고는 제가 퇴원하는 날 차로 데리러 오겠다고 했습니다.

저는 가족에게 걱정을 끼쳤지만, 그 덕분에 가족의 공헌감과 의욕을 끌어낼 수 있었습니다.

그 후 제가 아버지를 간호하게 되었을 때, 아버지가 이런 말씀을 하셨습니다.

"네가 있어서 안심하고 잠들 수 있구나."

아버지는 그 당시 하루의 대부분을 누워서 지내셨기에 제가 할 수 있는 일은 거의 없었습니다. 그렇지만 그저 곁에 있는 것만으로도 아버지에게 공헌할 수 있다는 사실을 아버지는 저에게 가르쳐 주셨습니다.

"오늘 이야기를 3년 전에 들었더라면……."

강연회에서 제 이야기를 들은 분이 이런 말을 한 적이 있습니다. 그분 아버지는 뇌경색으로 쓰러진 뒤, 후유증으로 신체의 자유를 잃고, 마비가 완전히 낫지 않는 것에 절망해 '차라리 죽는 게 낫다'며 괴로워하셨다고 합니다.

하지만 살아서 함께 있을 수 있다는 사실 자체로 가족에게는 커다란 기쁨이며, 몸이 움직이지 않는다고 해서 살아 있는 의미와 가치가 없는 것이 아니라는 걸 알아야 합니다.

"그때 아버지에게 그렇게 말씀드릴 수 있었다면, 아버지의 만년은 달라졌을 거예요."

# 병은 '다시 사는' 계기가 됩니다

:

병에 걸리면 처음에는 의식이 자신에게만 향하게 마련입니다. 아픔, 괴로움, 불안, 죽음의 공포. 도저히 다른 사람을 생각할 여유 같은 건 없습니다. 공헌하고 있음을 느낀다는 것은 의식이 다른 사람에게도 향하게 되었다는 뜻입니다. 이는 회복의 첫걸음입니다.

공헌감이 있으면 다른 사람과의 관계 안에서 살아가는 일에 새삼스레 생각이 미치고, 그 안에 행복이 있다는 사실도 알아차리게 됩니다.

건강이나 행복은 공기와 같습니다. 잃고 나서야 비로소 그것이 있기에 살 수 있었다는 사실을 깨닫지요. 그때까지 자신의 행복을 의식하지 않았던 사람도, 자신이 불행하다고 생각했던 사람도, 병에 걸리면 어제까지의 행복을 문자 그대로 '통감(痛感)'합니다.

중요한 것은 그 깨달음이나 체험을 그 후의 인생에 어떻게 활용하느냐입니다. **병은 새롭게 사는 계기가 됩니다.**

입원 중에 어느 간호사분이 말하더군요.

"병을 경험해도, 낫고 나면 '휴, 살았다'로 끝나는 사람도 있지만, 다시 살아간다는 마음으로 힘내 봐요."

다시 산다는 말은 회복 과정에 있던 제 마음에 신선한 울림을 주었습니다. 다시 산다는 것은 '새로운 삶을 산다, 병을 계기로 더 잘 산다'라는 뜻입니다.

'살았다'로 끝나는 사람은 퇴원하면 이전의 생활로 돌아갑니다. 무리한 탓에 몸 상태가 나빠졌을 텐데, 이전과 똑같이 무리하게 일하거나 건강을 해치는 생활 습관을 이어갑니다.

그래서는 고생한 보람이 없습니다. 병을 앓았다면, 삶의 방식을 바꾸지 않으면 안 됩니다. 저도 그때 병에 걸리지 않았더라면, 지금과는 다른 삶의 방식을 이어가고 있었을지도 모릅니다.

'잘 사는 것'에 대한 깨달음을 얻고, 더 나은 삶의 방향으로 나아갈 수 있다는 사실을 알았을 때, 병에 걸려서 오히려 잘됐다는 생각이 들었습니다.

# 목숨 사용 방법을 생각해 보면 어떨까요?

:

병에 걸리지 않고 일생을 마칠 수 있다면 그보다 더 좋은 일은 없겠지요. 하지만 병을 경험한 덕에 얻을 수 있는 것도 있습니다.

그것은 인생에 대한 새로운 관점이며, 일상의 작은 행복을 깨닫고 감사하는 마음입니다. 병을 앓는 것은 괴로운 일이지만, 그렇기에 더욱 '병에 걸려서 다행이다'라고 생각할 수 있도록 병상에서의 경험을 좋은 쪽으로 활용했으면 하는 바람입니다.

단 "병에 걸려서 다행이다"라는 말은 병상에 있는 사람에게는 결코 해서는 안 됩니다. 이런 말은 출구가 보이지 않는 갈등 속에서 지쳐 가는 마음에 사포질하는 꼴이기 때문입니다.

그렇다고 "그렇게 걱정하지 않아도 돼", "분명 금방 나을 거야" 같은 안이하고 근거 없는 회복 예상이나 조심성 없는 격려도 금물입니다.

  "책은 쓰세요. 책은 남으니까요."

  병상에서 원고 교정을 할 수 있을 정도로 회복했을 무렵, 주치의가 이렇게 말했습니다. 이것도 보통 투병 중인 환자에게는 하지 않는 말인지도 모릅니다. '당신은 남지 않는다'라는 선고로도 받아들일 수 있으니까요.

  하지만 의사는 '책은 남는다'라는 말로 저의 병이 가벼운 것이 아니라는 사실을 제대로 전달함과 동시에, '책은 쓰세요'라고 함으로써 책을 쓸 수 있을 만큼 회복할 수 있다는 희망도 알려 주었습니다. 책을 쓰는 일이 저에게 얼마나 소중한 일인지 의사 선생님은 잘 알고 있었던 것이지요.

  어느 날, 텔레비전에서 미야자와 가즈후미(宮沢和史)의 콘서트를 봤는데, 관객들에게 이렇게 묻더군요.

  "저에게는 노래가 있습니다. 여러분에게는 무엇이 있나요?"

  저는 무심결에 "저한테는 언어가 있어요!"라고 대답했습니다.

  비록 몸이 자유롭지 못해 불안할지라도 책을 써서 메시지를 전달할 수는 있습니다. 어떤 상황이라도 다른 사람에게 공헌할 수 있지요. 실제로 지금 살아 있는 저는, 나에게 있는 것을 살려, 내가 할 수 있는 형태로 세상에 공헌하고자 합니다. "책은 쓰세요. 책은 남으니까요"라는 말은 저에게 살아갈 용기와 목표를 준 것입니다.

그로부터 10년 남짓. 저는 의사 선생님의 예상을 깰 만큼 건강해졌습니다. 기분 나쁜 일, 쓰라린 기억도 있지만, 그래도 살아 있어서 다행이라고 생각합니다. 살아 있기에 기분 나쁜 일도 생기고, 거기에서 새로운 깨달음도 얻을 수 있기 때문이지요.

큰 병을 앓은 이후, 저는 매해 상당수의 책을 쓰고 있습니다. 그것이 생명을 연장한 저의 사명입니다. 앞으로도 목숨이 붙어 있는 한은 계속 쓰려고 합니다.

물론 언제까지 쓸 수 있을지는 모릅니다. 쓰지 못하게 되었을 때, 그렇다고 해서 나에게 가치가 없어지는 것이 아니라는 사실 또한 분명하게 마음에 새겨 두려고 합니다.

제4장

# '지금, 여기'를 소중히 여기며 삽시다

# 어머니는 병상에서
## "독일어를 공부하고 싶다"라고 하셨습니다

:


"언제까지고 건강했으면 좋겠다."

이는 모든 사람의 바람일 겁니다. 가능하면 병에 걸리고 싶지 않지요. 생명에 지장을 주는 병이라면 더더욱 그렇습니다.

하지만 나이를 먹으면 병을 이겨 내더라도, 아니 애초에 병에 걸리지 않았더라도, 남은 생이 그리 길지는 않습니다. 치매에 걸린 아버지가 만년에 "어떻게 생각해도 앞으로 남은 인생이 더 짧을 수밖에 없구나"라고 말씀하셨던 기억이 납니다. 새삼스럽게 아버지에게 이런 말을 들으니 함께할 날이 길지 않다는 생각에 쓸쓸한 마음이 들었습니다.

앞에서 말한 것처럼 저는 51세의 나이에 관상동맥 우회 수술을 받았습니다. 의사는 "10년 후에 다시 수술 받아야 할 것"

이라고 말했지만, 그럴 필요 없이 14년째를 맞이했습니다.

다행히 지금은 대체로 건강하게 지내고 있는데, 그렇다고 해서 앞으로 10년 뒤, 혹은 20년 뒤를 장담하기는 어렵습니다. 혈관은 나이를 먹을수록 가늘어지고, 약해집니다. 장수는 기대하지 말아야 할지도 모릅니다.

하지만 그것 자체는 저에게 큰 문제가 아닙니다. **남은 시간을 따지거나 남은 생이 짧다고 우울해한들 어차피 스스로 해결할 수 없는 일이기에 고민은 무의미하다**고 생각하기 때문입니다.

무슨 일이든 '생산성'과 '남은 시간의 길이'를 생각하는 것이 사람의 습관입니다. 업무나 집안일을 정해진 시간 안에 끝내려면 어떻게 해야 할지 머리를 싸매게 되고, 마음이 늘 분주합니다. 속독 기술이나 시간을 단축해 주는 초고속 레시피가 유행하고, 외출 전에 목적지까지의 최단 거리를 검색하는 것도 같은 이유일 것입니다.

이런 습관이 체질처럼 굳어져서 나이가 들면 '못 하게 된 것'을 아쉬워하고, '앞으로 몇 년이나 더 살 수 있을까'를 끊임없이 생각하는 것입니다.

하지만 앞날의 일을 염려하는 시간은 아무것도 낳지 못합니다. 인생에 대해 생각하는 것은 중요하지만, 남은 세월을 세며 인생을 어떻게 거두어 갈지만 생각하면서 사는 것은 즐겁지 않겠지요.

제 어머니는 뇌경색으로 쓰러진 후, 몸을 거의 움직이지 못하고 병상에 누워 계실 때 "독일어 공부를 하고 싶다"라고 말씀하셨습니다. 그러나 얼마 지나지 않아 의식 수준이 저하되어 독일어 학습이 어려워지자, 이번에는 책을 읽어 달라고 부탁하시더군요.

"네가 학생 때 엄청 재미있다면서 여름방학 내내 열심히 읽던 책 있잖니? 나는 아직 그 책을 안 읽었더구나."

그건 도스토옙스키의 《카라마조프 가의 형제들》이었습니다.

어머니가 자신의 남은 시간을 알았는지는 모르겠지만, 보통은 '이런 상태로는 무리다', '노력해 봤자 소용없다' 하며 여러 가지를 포기하지 않았을까 싶습니다. 하지만 병상에 누운 어머니는 달랐습니다. 앞이 내다보이지 않는 상황에서도 무언가를 배우려는 마음, 새로운 것을 시작하려는 기력과 의욕을 잃지 않는 어머니의 모습에, 저는 감탄했습니다.

《카라마조프 가의 형제들》을 읽어 드리는 일에 주저함이 없었던 건 아닙니다. 이유 중 하나는 책에 신약성서의 이런 구절이 나오기 때문입니다.

"밀알 하나가 땅에 떨어져 죽지 아니하면 한 알 그대로 있고, 죽으면 많은 열매를 맺느니라."

〈요한복음〉 12장 24절에 나오는 예수의 말씀입니다. 저는 죽음을 목전에 둔 어머니에게 이 책을 읽어 드려도 될지 몰라 망설였습니다. 하지만 그것이 어머니의 바람이었습니다.

저는 날마다 침대 옆에 앉아 책을 읽었습니다. 어머니는 꾸벅꾸벅 조는 시간이 점차 길어져 듣는지 마는지 알 수 없어졌지만, 그래도 계속 읽었습니다.

어머니는 남은 시간의 길이에 구애받지 않고 살았던 것 같습니다. 그리고 그런 모습을 보임으로써 가족에게 공헌하고 있었던 것이지요. 저는 어머니의 바람에 응답함으로써 어머니를 위해 나를 활용할 수 있었습니다. 어느새 목소리가 전달되고 있는지조차 분명하지 않을 만큼 의식 수준이 저하되었지만, 그런 상태에서도 어머니는 제가 공헌했다고 느끼는 데 공헌하고 계셨던 것입니다.

병상에서의 어머니 모습을 떠올리며, 저 역시 입원 중에는 매일 열심히 책을 읽으며 지냈습니다. 책을 잔뜩 가져다 놓아서 제 병실은 마치 서재 같았습니다.

다양한 의무에서 해방되어 읽고 싶은 책에 자유롭게 열중하는 나날. 이런 즐거운 독서는 입원 중에만 할 수 있다는 생각이 들더군요. 그런 즐거움을 깨달을 수 있었던 건 어머니 덕분입니다.

# 인생은 마라톤이 아니라 춤입니다

:

불교학자 스즈키 다이세쓰(鈴木大拙)가 신란[5]의 《교행신증(教行信證)》의 영어 번역에 착수했을 때, 그는 이미 90세였습니다.

번역은 매우 집중력을 요구하는 작업입니다. 몸과 마음에 큰 스트레스를 떠안게 되지요. 그의 나이를 생각하면 뜻을 이루지 못하고 인생을 끝마치게 되더라도 이상할 것이 없었습니다. 그런데도 그는 이 어려운 일을 받아들이고, 결국 이뤄냈습니다.

만약 저에게 그런 의뢰가 들어온다면, 저 역시 기쁘게 받아들일 생각입니다. 설령 체력적으로 불안하다고 하더라도, 그 일은 분명 삶의 원동력이 될 테니까요.

5 親鸞. 일본 가마쿠라 시대의 고승.

앞으로의 일이나 남은 시간을 걱정만 한다고 해서 무언가 이루어지지는 않습니다.

그런데 많은 부모가 '장래를 진지하게 생각해야 한다'며 아이를 훈계하고, 회사에서는 '앞으로의 전망을 예상해서 미리 대비해 두라'고 가르칩니다. 사람들은 어째서 앞으로의 일을 이렇게까지 걱정하는 걸까요?

시간이나 인생을 하나의 직선으로 바라보기 때문입니다.

"당신은 지금, 인생의 어디쯤에 있습니까?"

이렇게 물으면 젊은 사람은 직선의 시작점에 가까운 쪽을, 나이가 든 사람은 끝 지점에 가까운 쪽을 가리키겠지요. 많은 사람이 시간이나 인생을 시작과 끝이 있고, 불가역적으로 종점으로 향해 움직이는 것으로 인식합니다.

이런 움직임을 아리스토텔레스는 '키네시스(Kinesis)'라고 불렀습니다. 키네시스의 관점에서는 어디에 도달했고, 무엇을 이루었는지가 중요합니다. 무슨 일이든 신속하고 효율적으로 달성하는 것이 바람직하며, 움직임이 중단되거나 예상치 못한 길로 빠지면, 그것은 미완성이며 불완전한 움직임이 됩니다.

예를 들어 월반(越班)이나 빠른 출세는 키네시스의 관점에서 보면 바람직한 움직임입니다. 한편, 젊어서 사망한 사람의 인생이나 완주하지 못한 마라톤은 불완전하고 미완성인 움직임이지요.

하지만 **어딘가에 도달하지 못했다 해도 그 과정의 매 순간은 완전하며, 이미 완성된 것**으로 생각할 수도 있습니다. 이 경우, 시간이나 인생의 길이는 더 이상 문제가 되지 않습니다.

'이루어 가는 중'인 모든 것이 그대로 '이룬 것'이 되는 움직임. 이것이 아리스토텔레스가 말하는 '에네르게이아(Energeia)'입니다.

에네르게이아는 춤에 비유할 수 있습니다. 춤은 추고 있는 순간순간이 즐거운 것이지, 춤을 끝내지 않으면 즐기지 못하는 것도 아니고, 어딘가에 도달하기 위해 춤을 추는 것도 아닙니다.

인생도 살아 있는 '지금, 여기'가 그 자체로 완성된 에네르게이아입니다. 이런 삶의 방식을 가질 수 있다면 남은 생이 짧다고 슬퍼하며 절망에 빠질 필요는 없을 것입니다.

# 인생을 뒤로 미루지 마세요

:

**앞날의 일을 걱정하는 것은 '지금, 여기'를 등한시한다는 뜻이**기도 합니다. '지금, 여기'를 소중히 여기지 않으니, 앞날의 일이 신경 쓰이는 것이지요.

장거리 연애를 하는 연인도 마찬가지입니다. 오랜만에 데이트하고 헤어질 때 "다음에는 언제 만날 수 있어?"라고 묻는 이유는 그날 데이트에 마음이 채워지지 않은 탓입니다. 그런 이는 어떻게든 다음 데이트 약속을 받아내서 앞날의 약속으로 오늘의 부족함을 채우려 합니다.

반면, 연인과 즐겁고 충실한 시간을 보낸 사람은 헤어질 때 다음에 만날 일 같은 건 생각하지 않습니다. '지금, 여기'에 있는 행복을 온전히 누리고 있기 때문에 다음 약속에 과도한 기대를 걸 필요가 없기 때문입니다.

에네르게이아적 삶이란 한마디로 **인생을 뒤로 미루지 않는 삶의 방식**입니다. 삶의 방식이 바뀌면 인간관계도 바뀝니다.

예를 들어 노인이 되어 결혼한 커플이나 부모만큼 나이 많은 사람과 결혼한 젊은이에게 '동반자의 죽음'은 언제 찾아와도 이상하지 않습니다. 함께할 수 있는 시간이 얼마나 남아 있는지 모르기에, 한가롭게 서로 다툴 시간 여유가 없지요.

동반자와의 사별은 매우 슬픈 일입니다. 그렇기에 하루하루를 소중히 여기지 않으면 안 됩니다.

나이 차이가 크게 나지 않더라도, 오랜 시간 함께 산 부부도 둘 중 하나가 생명에 지장이 생길 만한 큰 병을 앓으면 함께 있을 수 있는 '지금'이라는 시간이 소중해집니다. 그런데 만약 이런 마음을 병에 걸리기 전에 가질 수 있다면 두 사람의 관계도, 인생의 존재 방식도 더 나은 것이 될 겁니다.

# '무한한 시간이 있다'라고 생각합시다

⋮

'인간은 계속 젊게 살 수 있을까?'

이 질문에 대해, 프랑스 철학자 장 기통(Jean Guitton)은 이렇게 답했습니다. "자기 앞에 영원이 있다고 생각하는 한은 가능하다"《나의 철학 유언》, 장 기통). 그렇다면 자신이 늙었다고 느끼는 사람은 어떨까요? 장 기통은 말합니다.

"그들은 아마 영원을 믿지 않겠지요."

영원을 믿는다는 건 자신에게 무한한 시간이 있다고 생각하는 것과 같습니다. 인간의 생은 무한하지 않습니다. 하지만 남은 시간에 상관없이 '지금, 여기'에서 할 수 있는 일, 해야만 하는 일을 생각하며 살아간다면 언제까지나 젊은 마음으로 여유롭게 살 수 있습니다.

철학자 모리 아리마사(森有正)도 자신의 일기에 이렇게 적었습니다.

"허둥대서는 안 된다. 릴케가 말한 것처럼 무한한 시간이 있다고 생각하고 침착하게 있어야만 한다. 그것만이 양질의 작업물을 낳기 때문이다."

[〈일기〉《모리 아리마사 전집 제13권 일기(森有正全集 第13巻 日記)》]

앞에서 말한 스즈키 다이세쓰의 에피소드는 그야말로 이것의 좋은 예입니다. 무한한 시간이 있다는 생각으로 번역에 착수했고, 완수했습니다. 설령 미완성으로 끝났다 하더라도 그의 인생이 불완전했던 것은 아닙니다.

교토대학의 서양 중세철학사 연구실에서는 일주일에 두 차례 토마스 아퀴나스의 《신학대전》을 읽습니다. 이 책은 라틴어로 쓰였는데, 상상할 수 없을 정도로 깁니다.

"다 읽으려면 200년은 걸리겠지요."

이렇게 말한 교수님은 이미 돌아가셨는데, 연구실 학생들은 지금도 계속해서 읽고 있을 겁니다. 정신이 아찔해질 것 같은 프로젝트이지만, 중요한 것은 눈앞의 한 줄 한 줄과 마주하는 시간과 거기에서 무엇을 얻었느냐이지 끝까지 읽느냐 마느냐가 아닙니다.

나이가 몇 살이 되든지, 무한한 시간이 있다고 생각하며 의

연하게 살고 싶습니다. 그것이 영원을 믿고 인생을 에네르게 이아로 살아가는 것이니까요.

무한한 시간이 있다는 말을 곧바로 받아들이기는 어려울지 모릅니다. 하지만 남은 시간이 얼마 없다고 생각하며 날짜를 세면서 사는 것과 언젠가는 끝이 오겠지만 그건 그렇다 치고 오늘이라는 하루를 최선을 다해 사는 것, 어느 쪽이 행복할까요?

지금까지 계속 키네시스로 인생을 살아왔는데, 이 나이가 되어서 갑자기 발상을 전환하기는 어렵다는 사람도 있겠지요. 오랜 세월의 사고나 버릇, 습성에서 빠져나오는 일은 쉽지 않습니다.

"신이시여, 바라건대 저에게 바꿀 수 없는 것을 받아들일 수 있는 평온함과, 바꿀 수 있는 것을 바꿀 용기와, 그 둘의 차이를 구분할 지혜를 주소서."(《제5도살장》, 커트 보니것)

이는 기독교 사회에서 구전되어 온 '평온을 비는 기도'의 한 구절입니다. 바꿀 수 없는 것에 집착하지 않고, 눈앞에 있는 바꿀 수 있는 것을 직시하라는 의미입니다. 행복하게 늘어 가는 힌트가 여기에 있습니다.

자신에게 남은 시간은 아무도 모릅니다. 이 사실은 바꿀 수 없습니다. **바꿀 수 있는 것은 우리의 의식입니다.** 나이 들 용기, 늙은 '지금'을 행복하게 살아갈 용기란 **인생의 관점을 아주 조금 바꿀 용기**인지도 모릅니다.

늙음이 우리에게 가져오는 것이 병이나 쇠퇴만은 아닙니다. 누군가를 돌보거나 돌봄을 받아야 하는 문제도 생기겠지요. 가까운 사람의 죽음과 마주하거나 그것을 극복해야 하는 시련에 직면하게 될 수도 있습니다.

그럴 때 아주 조금만 관점을 바꾸면, 마음에 구원의 빛이 비치게 마련입니다.

제5장

# 집착하면 어떻습니까?

# 사람은 왜 죽음을 두려워할까요?

⋮

노화나 질병이 마음을 흔드는 이유는 그 앞에 죽음이 알른거리기 때문입니다. 하지만 살아 있는 모든 것은 단 하나의 예외도 없이 언젠가는 반드시 죽음을 맞이합니다.

"죽음은 온갖 나쁜 것 가운데 가장 두려운 것으로 여겨지지만, 사실은 우리에게 아무것도 아니다. 왜냐하면 우리가 존재하는 한, 죽음은 실제로 존재하지 않고, 죽음이 실제로 존재할 때는 이미 우리가 존재하지 않기 때문이다."

《에피쿠로스 쾌락》

그리스 철학자 에피쿠로스의 말입니다.

살아 있는 동안은 '죽음'이 없고, 죽었을 때는 이미 '생(生)'이 없습니다. 에피쿠로스는 이런 논리로 죽음은 두려워할 것이 못 된다고 주장하지만, 현실은 그렇게 간단하지 않습니다.

분명 우리는 자기 죽음을 '경험'할 수는 없습니다. 즉 살아 있는 동안에 생각하는 죽음은 '관념'입니다.

하지만 자기 죽음은 경험하지 못하더라도 우리는 살아 있는 동안 다양한 죽음과 만납니다. 가까운 부모의 죽음, 뉴스가 알리는 죽음도 있지요.

나이가 들면 같은 세대 친구의 부고를 접하는 일도 늘어납니다. 동창회는 먼저 하늘나라로 떠난 동급생에 대한 묵도로 시작합니다. 죽음이 '아무것도 아니다'라고 하기에는 삶 가운데 너무 깊숙이 파고 들어와 있습니다.

삶의 한가운데에서 살아 있는 동안 많은 사람의 죽음을 보고 듣지만, 그것이 무엇인지는 누구도 알지 못합니다. 그렇지만 그것이 언젠가 자신에게도 찾아오리라는 사실을 누구나 알지요.

정체가 보이지 않는 막연한 것에 우리는 공포를 느낍니다. 삶의 끝에서 기다리는 죽음을 두려워하고, 꺼리고, 피하려 하며 괴로워 발버둥 치는 이유는 그것이 어떤 것인지 모르기 때문입니다.

여러분은 '죽음'에 대해 어떤 이미지를 가지고 있나요?

큰 강연 회장에서 강의할 때, 저는 마이크를 사용합니다. 이

마이크에 접촉 불량 등의 문제가 생기면 잡음이 들어가거나 음성이 중간 중간 끊겨서 제 말이 청중에게 제대로 전달되지 않습니다.

비유하자면 이는 병에 걸린 상태입니다. 마이크는 인간의 몸과 같습니다. 담당자가 문제를 해결해 주면 저는 청중과 다시 연결됩니다. 이것이 병이 나은 상태입니다.

그런데 때로는 마이크가 일시적으로 고장 나는 게 아니라 완전히 망가져 버리기도 합니다. 영원히 끊어져 버려서 더 이상 원래대로 돌아갈 수 없는 마이크는 몸의 죽음을 의미합니다. 이렇게 되면 제 목소리는 두 번 다시 청중에게 닿지 못합니다.

하지만 망가져 버린 '마이크'와 청중에게 이야기하는 '나'는 다릅니다. 마이크가 망가지면 목소리는 닿지 않게 되지만, 나는 계속해서 말합니다. 현실의 죽음 역시 마찬가지라고 말할 수 있습니다.

# 소중한 사람의 마음 안에서 계속 살아갑니다

:

우리는 죽은 사람의 말을 귀로 듣거나, 말하는 모습을 눈으로 보거나, 손을 만지거나 할 수 없습니다. 하지만 그것은 고인을 '지각적(知覺的)'으로 알 수 없는 것뿐입니다. 그가 써서 남긴 것을 읽거나 혹은 그가 한 말을 떠올리며 반추하면, 그 사람의 생각이나 기분에 '마음'으로 닿을 수는 있습니다.

살아 있는 작가의 소설은 신간이 나오면 읽을 수 있지만, 작가가 죽으면 새로운 작품을 읽을 수 없게 됩니다. 하지만 이미 쓰인 것을 다시 읽으면 읽을 때마다 새로운 발견을 하거나 그 사람의 다른 일면을 알아차릴 수 있습니다. 그것은 그 사람을 '계속해서 느끼는' 일이며, 그 사람이 우리의 마음속에 여전히 살아 있다는 뜻이기도 합니다.

죽은 사람을 생생하게 떠올리면, 마치 그가 지금 여기 있는 것처럼 느껴질 때가 있지 않나요? 죽은 사람과 꿈속에서 만날 때도 있을 겁니다. 저는 지금도 때때로 5년 전쯤 타계한 아버지 꿈을 꿉니다. 이는 뇌의 어딘가에 있던 세피아색의 오래된 기억이 재생되는 것이 아니라 죽은 사람이 되살아나는 것입니다.

그렇다면 저도 똑같이 돌아올 수 있을지도 모릅니다. **산 자와 죽은 자가 그렇게 연결될 수 있다는 의미에서 인간은 죽지 않을 수 있습니다.**

물론 아무도 알 수 없지만, 저는 죽어도 영혼은 사라지지 않을 거라고 생각합니다. 죽은 사람의 영혼은 지금도 분명 이야기하고 있습니다. 그 목소리에 우리는 계속해서 귀를 기울여야 하고, 그 사람이 도대체 무슨 말을 하고 싶었는지, 살아 있었다면 무슨 말을 할지 끊임없이 생각해야 합니다.

그렇게 생각하다 보면 죽은 사람이 살아 있는 우리를 격려해 줄 때가 있습니다. 그런 의미에서 인간은 죽은 뒤에도 공헌할 수 있지요.

동일본 대지진 후, 도호쿠 각지에서 강연할 기회가 있었습니다. 어느 날, 맨 앞줄에 앉아 있던 남성이 질문하더군요. 그는 지진으로 어머니를 잃고, 방파제 건설로 인해 퇴거 명령을 받는 바람에 고향도 잃었다며, "저는 앞으로 어떻게 살아야 할까요?" 하면서 울음을 터트렸습니다.

저는 죽은 사람의 영혼의 목소리를 계속해서 들을 수 있다는 것과 죽은 사람은 항상 산 사람 가까이에 있다는 이야기를 하고, 타카야마 후미히코(高山文彦)의 소설 《아버지를 보내다(父を葬る)》에 나오는 한 구절을 소개했습니다.

"저승은 좋은 곳이 아닌가. 가고 나면 아무도 돌아오지 않으니."

죽은 뒤, 이 세상으로 돌아온 사람은 아직 한 사람도 없습니다. 그렇다는 건 어쩌면 저승은 의외로 좋은 곳인지도 모릅니다.

이 말을 들은 남성은 놀라더니 웃으며 말했습니다.

"죽고 나서 제 곁으로 돌아오지 않는 어머니도 분명 지금 아주 좋은 곳에 있겠지요. 그렇다면 저도 하루라도 빨리 어머니가 있는 곳으로 가야겠네요."

저는 "서두르지 않아도 됩니다. 어머니는 언제까지고 기다리실 테니까요" 하고 대답했습니다. "당신에게는 아직 이 세상에서 해야 할 일이 남아 있습니다. 일을 끝낸 다음에 가도 괜찮아요."

저세상이 좋은 곳인지 아닌지는 아무도 모르지만, 생각만큼 무서운 곳은 아닐 수도 있습니다. 관상동맥 우회 수술을 했을 때 그런 생각이 들더군요.

무사히 수술을 끝내고 전신마취에서 깨어났을 때 제가 느낀 것은 기분 좋은 잠을 방해받은 것 같은 불쾌함이었습니다. 기관지에 삽입되어 있던 관을 빼내고, 이물질이 제거되자 '아, 편안하다. 이제야 살겠네!' 하는 안도감보다 '방해하지 말아 줘'라는 마음이 강했던 것입니다. 전신마취로 의식이 없는 상태가 나름대로 편안했으니까요.

이것은 마취되어 있었기에 편안하다고 '의식'한 것이 아니라 신체의 기억입니다. 아무도 모르는 일이지만, 어쩌면 죽음이란 꿈을 꾸지 않는 잠과 같은 것인지도 모릅니다. 죽음에 가까운 경험을 하고 나니 문득 죽음이 그렇게 무서운 일이나 불쾌한 것은 아닐지도 모른다는 생각이 들었습니다.

제5장 집착하면 어떻습니까?

# 죽은 후에 돌아가야 할 곳

:

사후의 세계가 반드시 나쁘지만은 않을 거라고 상상해 봐도, 소중한 사람과의 헤어짐은 역시나 슬플 수밖에 없습니다. 떠올릴 때마다 가슴이 답답하고, 좀처럼 회복하기 어렵지요.

하지만 먼저 간 자신을 위해 가족이나 친구가 언제까지나 슬퍼하고 있다는 걸 안다면 죽은 사람 역시 기쁘지는 않을 겁니다.

아무리 슬퍼도 우리는 이겨 내고, 앞을 바라보며 살아가야만 합니다. 그것이 죽은 사람에게도 기쁨일 테니까요.

"만약 내가 그들과 재회할 수 있다면(이는 나의 가장 큰 희망이다), 그것은 나의 죽음이 아니면 불가능하겠지."

이는 철학자 미키 기요시(三木淸)가 《인생론 노트》에 적은

한 문장입니다. '그들'이라고 적었는데, 미키 기요시가 염두에 둔 사람은 사별한 아내 기미코일 테지요.

살아 있는 동안은 아무리 바라도 아내와의 재회는 이루어질 수 없습니다. 하지만 자신이 죽으면 재회할 가능성이 적어도 0은 아닙니다. 그렇다고 한다면 죽음을 부정적으로만 생각할 필요는 없다고 말하고 싶었던 거겠지요.

아내의 1주기에 편찬한 추도문집[《어린 자를 위하여(幼き者の 爲に)》]에서 미키 기요시는 '구회일처(俱會一處)'라는 불교 용어를 인용해 "우리는 언젠가 하나의 장소에서 함께 만나게 된다"라고 말합니다. 조급해하지 않아도 언젠가는 다시 만날 수 있다고 생각하는 것은 슬픔이나 죽음에 대한 두려움을 가라앉히는 데 도움이 됩니다.

그리고 미키 기요시는 죽음에 대비하는 방법으로 "끝까지 집착할 것을 만들라"고 권합니다.

보통은 집착할 것이 있으면 죽고 싶어도 죽을 수 없고, 죽더라도 미련이 남는다고 생각합니다. 하지만 미키 기요시는 "집착할 것이 하나도 없는 허무한 마음으로는 좀처럼 죽지 못하지 않을까?"라고 물으며, "마음 깊이 집착할 것이 있는 자는 죽은 다음 돌아가야 할 곳이 있다"라고 말합니다.

집착해도 되지 않느냐는 겁니다. 집착해서는 안 된다고 자신을 옭아맬 때보다 **집착해도 된다고 생각할 때 오히려 집착하는 마음에서 자유로워집니다.**

무엇에 집착하느냐는 사람마다 다르지만, 부모에게 있어서 아이의 존재는 둘째가라면 서러운 집착의 대상이겠지요. 저역시 심근경색으로 쓰러졌을 때 가장 먼저 떠오른 것이 아이들이었습니다. 아이들의 앞날을 지켜봐 주지 못한다는 사실이 안타깝기 그지없었습니다.

깊이 집착하는 것이 있으면 사는 힘이 됩니다. 미키 기요시의 말에 따르면, 그것은 동시에 죽을 힘이 되기도 합니다. '돌아가야 할 곳'이란 미련이 남은 사람을 뜻하지요. 미키 기요시 자신이 깊이 집착하고, 죽은 후에 자신이 돌아가야 할 곳으로 삼은 것은 어린 나이에 어머니를 잃은 외동딸 요코일 겁니다.

"나에게 진정으로 사랑하는 것이 있다면, 그 사실이 나의 영생을 약속한다."

몸은 죽어도 딸 요코의 마음 안에서 그는 계속해서 살아갑니다. 그는 **불로불사(不老不死)의 명약은 없어도 마음을 다해 깊이 집착하면서 지금을 굳건히 살면 소중한 사람의 마음속에서 계속해서 살아갈 수 있다고** 말합니다.

# 소크라테스의 최후

:

플라톤의 대화편인 《파이돈》에는 소크라테스의 마지막이 자세히 기록되어 있습니다. 사형 선고를 받은 소크라테스는 사형 집행 날에도 동료와 영혼의 불사에 관해 이야기를 나눈 뒤, 감옥에서 독배를 들고 조용히 죽음을 맞이했습니다.

아무리 죽음을 두려워하는 사람이라도 마지막은 평온한 마음으로 조용히 영원한 잠에 빠지고 싶기 마련이지요. 저도 가능하다면 조용하게 죽고 싶습니다. 하지만 멋지게 죽어야 하느냐고 묻는다면 꼭 그렇지는 않습니다.

동요하고, 혼란스러워하며 허둥대도 괜찮다고 생각합니다. 일본에는 깔끔하게 떠나는 것을 칭찬하는 미학과 풍조가 있는데, **삶의 방식이 저마다 다르고 다양한 것처럼 죽음의 방식이**

나 죽음을 맞이하는 모습 역시 다양해도 괜찮지 않을까요? 허둥대며 발버둥 치는 것을 부끄럽게 여기지 않아도 됩니다.

죽는 방법이나 죽음의 순간에 굳이 주목하는 것 자체에도 의문을 느낍니다. 그 사람의 인생이 짧더라도, 스스로 목숨을 끊었다 하더라도, 거기에만 초점을 맞춰서 그 사람의 생애를 보거나 이야기해서는 안 된다고 생각합니다. 물론 죽음이 결코 작은 일은 아니지만, 그것이 그 사람을 말하는 유일무이한 에피소드는 아닐 테니까요.

제 어머니는 50세가 되기 전에 돌아가셨습니다. 하지만 평균 수명에 크게 못 미치는 어머니의 인생이 미완성이었던 것도 아니고, 불쌍한 것도 아니었습니다.

누구든 인생에 많은 사건과 희로애락(喜怒哀樂)이 있었을 겁니다. 거기에 주목하고, 삶의 충실함에 마음을 기울이는 눈을 가진다면, 자신의 인생을 대할 때도 '앞으로 몇 년을 더 살 수 있을까?' 하며 인생의 남은 기간만을 신경 쓰며 급급해할 일은 없을 겁니다.

# 지금을 어떻게 살아야 할까요?

:

플라톤은 "죽음을 두려워한다는 것은 모르는 것을 안다고 생각하는 것이다"라는 소크라테스의 말을 전합니다《소크라테스의 변명》). 모르면서 마치 아는 것처럼, 죽음이 두려운 것이라고 단정하지만, 죽음은 어쩌면 모든 선한 것 가운데 가장 선한 것인지도 모릅니다.

아무리 생각해도 알 수 없다면 **모르는 죽음을 그대로 받아들이는 수밖에 없습니다.** 알려고 하거나 고민할 필요는 없습니다. 이는 결코 찰나주의가 아니라 땅에 발을 붙이고, '지금, 여기'를 살기 위한 현명하고 현실적인 대처 방법이라고 생각합니다.

애초에 죽음이 어떤 것이든 그것에 의해 현재의 삶의 방식이 달라지는 일이 있어서는 안 됩니다.

"어차피 죽으면 다 없어질 텐데" 하며 자포자기해서도 안 되고, 죽은 후의 일에만 마음의 눈을 빼앗겨서도 안 됩니다. 살아 있을 때는 살아 있는 '지금'에 초점을 맞춰서 생각해야 합니다.

언제나 죽음만 생각하고 있으면 삶에 소홀해지고 맙니다. 의식이 죽음에만 향하면 눈앞의 과제에서 도망치거나 문제를 전가하는 태도를 보이기 쉽지요.

미키 기요시는 과도하게 두려워해서 등을 돌리지 말고, 죽음에 마음을 사로잡히지도 말고, '죽음의 평화'를 느껴야 비로소 잘 살 수 있다고 말합니다. 앞날의 일만 생각해서 '지금, 여기'에 있는 가능성이나 행복을 헛되이 하는 것은 아까운 일입니다.

작가나 화가의 인생을 따라가면, 늘그막까지 열정적으로 창작 활동을 계속해 마지막 작품이 대작이거나 대표작 가운데 하나가 되는 일도 드물지 않습니다. 철학자도 그렇습니다.

향년 80세였다는 플라톤 역시 '쓰면서 죽었다'라고 전해집니다.

'죽음 직전까지 계속해서 쓰는 것'이 이상적인 삶이라고 세토우치 자쿠초[6]도 인터뷰에서 말했습니다. 마지막까지 자신이 할 수 있는 무언가에 최선을 다하고, 한창 열중하고 있을 때 불현듯 인생이 끝나는 것은 분명 하나의 이상일지도 모릅니다.

**어떤 죽음을 맞이할지는 결국 지금을 어떻게 사느냐에 달려 있습니다.** 죽음을 연상시키는 노화나 질병을 경험했다고 해서 무작정 마음이 흐트러지지 않으려면, '지금, 여기'에 있는 행복에 확실하게 주목하며 사는 것이 중요합니다.

미키 기요시는 행복이 '질(質)'적이고 사적인 것에 있는 데 반해, 성공은 '양(量)'적이고 일반적인 것이라고 말합니다. 성공이란 남과 비교하거나 수치로 나타낼 수 있는 것이며, 출세, 승진, 평가나 성과는 그중 가장 대표적인 것입니다.

이러한 양적인 성공을 방해하는 것이 노화, 병 그리고 죽음입니다. 성공이나 기대는 잃거나 배신당하는 일도 있지만, 행복이나 희망은 잃는 일이 없습니다.

행복이나 희망에 관해서는 뒷장에서 더 깊이 있는 이야기를 나눠 봅시다.

6 瀬戸内寂聴. 일본의 승려이자 작가.

제6장

'어른'이 아니면 돌보지 못합니다

# 나이 든 부모와의 관계가 가장 어렵지요

:

철썩철썩 밀려드는 노화의 파도는 사람을, 그리고 하루하루의 생활을 어떤 식으로 바꿀까요? 그걸 몸소 보여 주는 게 부모입니다. '백문이 불여일견'이라고 하지만, 부모를 돌보고 있으면 '이게 늙는 거구나'라는 걸 뼈저리게 느끼게 됩니다.

자신이 쇠약해지는 것은 물론이거니와 부모의 노화를 눈앞에서 보는 것은 서글픈 일입니다. 걸음걸이가 불안해지고, 퍼즐 조각이 하나 둘 빠져나가는 것처럼 기억을 잃다가 나중에는 일상생활에 온갖 어려움이 생깁니다.

그렇게 되었을 때 어떻게 돌볼 것인지 준비하는 것도 중요하지만, 사실 가장 어렵고 의외로 놓치기 쉬운 부분은 '나이 든 부모와 어떻게 마주하고, 어떻게 대할 것이냐'입니다.

돌봄으로 인해 정신적인 피로가 쌓이는 이유는 부모가 행복한 만년을 보내기를 바라는 마음 때문입니다. 그러기 위해서 가능한 일은 해 드리고 싶다고 생각하면서도 끝이 보이지 않는 돌봄의 나날에 마음이 우울해지고, 정신적으로 궁지에 몰리는 사람이 적지 않은 것이 현실입니다.

그렇게 되면 행복하기를 바라는 마음과는 달리 부모에게 언성을 높이거나 말다툼을 하고는 씁쓸해지기도 합니다.

아들러는 **"모든 고민은 인간관계에서 비롯된다"**라고 말합니다. 돌봄의 고민 역시 인간관계에 관한 고민입니다. 게다가 늙은 부모와의 관계는 인간관계 가운데서도 가장 어렵지요. 왜냐하면 어떤 관계보다 가까운 데다가 관계의 역사가 길기 때문입니다.

어떤 인간관계든 어느 한쪽이 다가가지 않으면 변하지 않습니다. 하지만 다른 사람을 바꿀 수는 없지요. 상대를 바꿀 수 없다면 자신을 바꾸는 수밖에 없습니다. 돌봄이 필요해진 부모와의 관계도 **우선은 '내가 달라진다'라고 결심**하는 게 첫걸음입니다.

나이 든 부모는 같은 이야기를 몇 번씩 하거나 제멋대로 굴기도 하고, 때로는 당신을 곤란하게 만듭니다. 그렇지만 늙은 부모에게 남은 시간, 부모라고 불릴 시간은 그리 길지 않습니다. 화를 내고 있을 여유가 없지요. 필요한 것은 그런 것에 일일이 화를 내지 않을 각오이며, 현실을 받아들일 용기입니다.

제6장 '어른'이 아니면 돌보지 못합니다

# '어른'이기 위한 세 가지 요건

:

거리에는 안티에이징에 관한 정보가 넘칩니다. '건강 수명을 늘리려면 매일 걸어야 한다', '균형 잡힌 식사를 하고, 고령자일수록 고기를 먹는 게 좋다', '손을 많이 사용하면 치매가 예방되어서 진행을 늦추는 효과가 있다' 등등 끝이 없지요.

건강에 좋다고 하면 부모님께 권하고 싶어집니다. 하지만 그것을 할지 말지는 부모님이 결정할 일입니다. "왜 안 하느냐", "당신을 위해 하는 말이다" 하며 강요하는 것은 상대를 바꾸려는 태도입니다. 강요당했다고 느낀 부모는 자녀의 제안을 따르면 지는 거라 생각하게 됩니다. 지지 않으려고 부모가 자녀의 제안을 받아들이지 않으면 아무 소용이 없습니다.

상대를 바꾸는 게 아니라 자신을 바꿔야 합니다. 어떻게 바꾸면 좋은지를 한마디로 말하자면 '어른'이 되어야 합니다.

어른이 되기 위해서는 세 가지 요건이 있습니다. 하나는 **자신의 가치를 스스로 인정하는 것**입니다. 자신이 한 일이나 자신의 존재 가치를 다른 사람의 평가와 상관없이 스스로 인정하고, 가치가 있다고 생각해야 합니다. 누군가에게 칭찬받거나 인정받기를 바라지 않는 것이지요.

부모에게 '고맙다'라는 감사의 말을 듣고, 주위에서 '힘들겠다', '효도한다'라고 칭찬해 주기를 기대하는 마음이 있으면, 돌봄은 괴로운 일이 됩니다. 부모가 고마워한다는 보장도 없고, 주위 사람들이 노력을 인정해 준다는 보장 역시 없으니까요.

제대로 된 어른이 되지 못하면 평가받거나 인정받기 위해 무리를 합니다. 그런데 기대한 만큼의 평가를 얻지 못하거나 인정받지 못하면 '나는 이렇게 애쓰고 있는데!' 하며 공격의 창끝이 부모나 주변 사람들을 향하게 되고, 관계를 악화시키게 됩니다.

**자신이 결정해야 하는 일을 스스로 결정하는 것** 역시 어른의 중요한 요건 가운데 하나입니다.

초등학생 시절, 학교에서 멀리 떨어진 곳에 살던 저는 학교에서 돌아온 후에는 다시 놀러 나가는 일이 거의 없었습니다. 그런데 어느 날 친구가 "놀러 오지 않을래?" 하며 전화를 걸어

왔습니다. 부모의 허락을 받아야 한다고 생각해 곁에 있던 어머니에게 다녀와도 되냐고 물었더니, "그런 건 스스로 결정해도 된다"라고 말하셔서 놀랐던 기억이 있습니다.

확실히 친구 집에 놀러 갈지 말지는 저의 과제이지 어머니의 과제가 아닙니다. 스스로 정해야만 하는 일이었지요. 저는 그때 자신의 과제는 자신의 책임으로 선택하고, 결단하고, 수행해야 한다는 사실을 배웠습니다.

나이 든 부모에게 자신이 무엇을 할 수 있는지, 무엇을 할 것인지 역시 스스로 생각하고 결정해야 할 일입니다. '보통은 그러니까', '다들 하니까' 혹은 '이렇게 해야 한다', '하는 게 낫다'라고 누군가에게 들었기 때문에 하는 것이어서는 안 됩니다.

자신의 과제를 자신이 결정한다는 말은 상대가 상대의 과제를 스스로 결정하는 것을 존중한다는 뜻이기도 합니다. 이는 돌봄에 있어서 중요한 일입니다. 노년을 어떻게 보낼지 결정하는 것은 부모 본인입니다. 부모의 과제에 제멋대로 끼어들어 자식이 자신의 이상이나 희망을 강요하는 일이 있어서는 안 됩니다.

'나이가 들어도 정정하게 일상을 즐기며 알차게 보냈으면 좋겠다', '손주들에게도 상냥하고, 관대하며 모범이 되는 행동을 해 줬으면 좋겠다' 등 부모에게 이상적인 모습을 요구하는 것은 어른의 세 번째 요건인 **'자기중심성에서 탈피'**하지 못한 탓입니다.

우리는 모두 공동체의 일부이기는 하지만, 내가 공동체의 중심에 있는 것은 아닙니다. '나'는 다른 사람의 기대나 요구를 충족시키기 위해 사는 것이 아니지만, 다른 사람도 '나'의 기대나 요구를 채우기 위해 사는 게 아닙니다.

부모 자식도 하나의 공동체이며, 부모와 자식은 그 일부입니다. 어느 한쪽이 중심에 있는 것이 아니라는 걸 알고 서로를 대하는 것은 돌봄에 있어서 매우 중요합니다. 서로가 자신의 이상과 기대만을 주고받으면 양쪽 모두 쓸데없는 욕구불만만 쌓여서 돌봄은 지속되지 못하게 됩니다.

# 있는 그대로의 부모를 받아들입시다

：

"다른 사람의 평가나 승인을 바라지 말고, 자신과 부모의 과제를 정확하게 나눠 생각하며, 부모는 자신의 이상이나 요구를 채우기 위해 사는 게 아니라는 사실을 안다."

이 세 가지 요건을 충족한 '어른'이 된다는 것은 **있는 그대로의 부모를 받아들일 수 있게 된다**는 뜻이기도 합니다.

상대가 자신에게 이상적인 모습을 바라고, 거기서부터 뺄셈으로만 현재의 자신을 바라본다면 누구든 달갑지 않겠지요. 자녀가 자신을 어떻게 바라보고 받아들이는지는 부모에게 고스란히 전달됩니다.

있는 그대로의 부모를 받아들이는 것이 부모를 존경하는 것입니다. 존경한다면 무언가를 억지로 강요하거나 거친 말을 던지지 않겠지요.

무언가를 할 수 없게 된 부모를 '가엽다'라고 생각하는 것도, 반대로 무언가를 해낸 부모를 칭찬하는 것도 있는 그대로의 부모를 존경하지 않는 행동입니다. 칭찬하는 행위는 '위에서 내려다보듯이' 자신의 이상을 부모에게 강요하는 언동이며, '가엽다'라고 생각하는 것 역시 사실은 우월한 위치에서 평가하는 태도라는 사실을 깨달아야 합니다.

여러 가지 일을 하지 못하게 된 부모의 모습을 보는 것은 괴롭습니다. 마치 내가 갈 길을 보고 있는 것 같아서 나도 모르게 눈길을 피하고 싶어지는 것일지도 모르지요.

하지만 잃은 것이나 '하지 못하게 된' 일이 아니라 지금 '할 수 있는' 일에 주목하고, 할 수 있는데 시도하지 않는다면 그것은 부모의 의지, 선택이라고 받아들여야 합니다. 눈앞의 부모가 이랬으면 좋겠다며, '이상 속의 부모'나 건강했던 '예전의 부모'와 비교하지 않는 것만으로도 부모를 대하는 방식이 크게 달라질 겁니다.

# 함께 있을 수 있다는 사실에 감사하세요

:

요즘의 부모 자식 사이에는 '고맙다'라는 말이 오가는 일이 별로 없는 것 같습니다. 부모가 먼저 "고마워"라고 말하지는 않을지도 모릅니다. 그런데 우리도 부모에게 고마운 마음을 전하지 않고 있지는 않나요?

사소한 일이라도 '고맙다'라는 말을 들으면, 부모는 자신이 가족에게 도움이 되고 있다고 느끼고, 자신이 존재 가치가 있다고 느끼게 됩니다. 부모와 함께 있을 수 있는 것만으로도 충분히 고마운 일입니다. 지금 이렇게 함께 있을 수 있다는 사실에 고맙다고 생각할 수 있다면, 대부분의 일은 극복할 수 있습니다.

일본어로 고맙다는 말인 '아리가토(有難う)'의 한자를 풀어

보면, '존재하기가 어렵다'라는 뜻입니다. 즉 좀처럼 없는 드문 일이라는 말이지요. 돌봄의 세월은 처음에 각오했던 것보다 훨씬 더 혹독할 것입니다.

하지만 감사의 말을 소리 내어 부단히 전달하고, 언젠가 찾아올 이별의 순간까지 하루하루를 소중히 여기며 사이좋게 살자고 결심하면, 마음에 파도를 일으킬 일 없이 좋은 관계를 만들어갈 수 있습니다.

인간은 자칫하면 사건의 '어두운 면'으로만 시선을 돌리게 됩니다. 부모를 돌보기 위해 일이나 자기 시간을 희생하고 있다거나 아무리 애써도 부모는 점점 약해져 간다며 부정적인 측면에만 마음을 빼앗기면 눈앞에 있는 좋은 면을 알아차리지 못하게 됩니다.

저도 뇌경색으로 쓰러진 어머니를 간병하느라 대학원을 3개월 동안 떠나야만 했고, 나중에는 알츠하이머형 치매를 앓은 아버지를 보살피느라 제대로 일을 하지 못하는 시기가 있었습니다. 그런 상황에 조급함이 들었고, 방황했으며, 우울한 기분이 들기도 했습니다.

그런데 만약 대학원생이 아니라 취직해서 회사에 다니고 있었다면, 당시 25세였던 저는 갓 입사한 신입사원이었을 테니 3개월이나 일을 쉬고 어머니의 마지막을 함께할 수는 없었겠지요.

아버지를 돌봐 드려야 했을 때도, 마침 제가 병을 앓은 후에 요양을 위해 집에서 일하던 시기와 겹쳤습니다. 그런 상황이었기에 매일 아버지 집에 들러서 오랜 시간 곁에 있어 드릴수 있었지요. 운명처럼 인생의 이 시기에 부모님 병간호와 보살핌을 할 수 있었던 것은 행복한 일이라고 생각합니다.

이처럼 긍정적인 측면에 빛을 비추고, 이게 내 인생이라고각오를 다지고 나서는 마음이 상당히 편해졌습니다.

# "이 얘기, 전에도 했었나?"

:

돌봄을 하다 보면 슬퍼지다가 지겨워지다가 짜증이 날 때가 있습니다. 같은 이야기를 몇 번이고 반복해서 듣게 되는 것도 그런 순간 중 하나겠지요.

나이 든 부모가 몇 번이고 같은 이야기를 한다고 하소연하는 사람이 있습니다. 하지만 같은 이야기를 하는 사람은 없습니다. '또 시작이야?' 하고 들으면, 같은 이야기로밖에 들리지 않습니다.

이야기의 줄거리는 같아도 잘 들어 보면 세부 내용은 매번 미묘하게 달라져 있습니다. 그 미묘한 차이는 그 사람의 '지금'을 반영하고 있기에, 부모의 요즘 기분이나 관심사를 알 수 있는 중요한 단서가 됩니다. 그런 차이에 주목해 이야기에 귀

　　　　　　제6장 '어른'이 아니면 돌보지 못합니다

를 기울이고, 미묘한 사인을 놓치지 않는 것이 '이야기를 듣는 것'입니다.

여러 번 하는 이야기는 부모에게 중요한 이야기입니다. 왜 그 일에 집착하는지를 생각해 보는 것도 부모의 지금을 이해하는 데 도움이 됩니다.

정신과 의사인 제 친구는 어린 시절부터 할머니 이야기를 듣는 걸 좋아했다고 합니다. 비슷한 이야기를 반복해서 하는 것 같지만 할머니가 "이 얘기, 전에도 했었나?"라고 물으면 그는 항상 "응, 전에도 들었지만, 할머니 이야기는 몇 번을 들어도 재밌어"라고 대답했다고 합니다.

**처음 듣는 것처럼 흥미진진해 보이는 이야기라고 생각하고 들어보기 바랍니다.** 이야기가 활기를 띠어서 평소와는 다른 부모 표정을 볼 수 있을 겁니다.

인간의 기억은 무의식중에 편집됩니다. 부모의 이야기도 매일 새롭게 편집이 더해져, 새로운 에피소드가 삽입되거나 자세히 이야기하던 부분이 생략되기도 합니다.

우리의 기억도 마찬가지입니다. 아버지와 차분하게 마주하게 되었을 무렵, 아버지가 카메라를 좋아해서 자주 사진을 찍던 추억이 떠오르더군요. 대부분은 풍경 사진이었는데, 아버지 앨범에서 단둘이 어딘가로 외출했을 때 아버지가 찍어주셨던 제 사진을 발견했습니다.

나이가 들수록 저와 아버지 사이에는 깊고 험한 마음의 골이 생겨서 아버지와 단둘이 외출한 적이 있었다는 사실조차 잊어버리고 있었습니다. 그런데 아버지와의 관계가 달라지자, 한 장의 사진을 계기로 웬일인지 문득 생각이 나더군요.

게다가 아버지가 애용하던 이안(二眼) 반사식 카메라를 분해하다가 망가트렸던 일도 떠올랐습니다. 그때 아버지가 어떻게 하셨는지는 기억나지 않지만, 저를 혼내지는 않았던 것 같습니다. 실제로는 엄청나게 혼났을지도 모르지만, 지금 생각해 보면 아버지는 제가 카메라의 구조에 흥미를 느끼고 스스로 파악해 보려 했다는 사실에 주목하고, 그 행동을 존중해 주지 않았을까 싶습니다.

이렇게 생각할 수 있는 것도 아버지와의 관계가 변했기 때문입니다. 몇 십 년 전에 있었던 일을 캐내고, 그 배경을 통찰할 수 있으니 기억이란 참 신기합니다.

부모가 기억하는 일이나 잊어버린 일도 '지금, 여기'의 심정이나 가족과의 관계에 의해서 편집된다고 생각하면, 재편집하는 일도 가능하다는 뜻이겠지요. **'이런 것까지 잊어버렸다니'하며 한숨을 내쉬기보다는, 내가 달라져서 부모와의 관계를 바꾸기 위해 노력하는 편이 현실적이면서 건설적**이지 않을까요?

# 망상을 부정하면 증상은 악화합니다

:

망상은 치매에서 자주 보이는 증상 가운데 하나로 알려져 있습니다. 치매 노인은 중요한 물건을 누가 훔쳐 갔다고 생각하거나 집에 있으면서 집에 가고 싶다며 밖으로 나가려 하기도 합니다. 이런 행동들이 분명히 망상이라는 걸 알더라도, 당사자가 위험에 처하는 게 아니라면 굳이 부정할 필요는 없을 것 같습니다. 부정하면 증상이 악화하기 때문입니다.

이런 이야기를 들은 적이 있습니다. 단둘이 사는 노부부의 이야기입니다.

어느 날 밤, 할아버지가 "오늘, 한밤중에 빚쟁이가 찾아올 거야"라고 말했습니다. 실제로는 있을 수 없는 일이었지만, 할머니는 "그거 큰일이네요. 손님이 오신다니 집 청소를 합시다"

라고 대답했고, 두 사람은 서둘러 청소를 시작했습니다. 얼마 지나지 않아 할아버지는 "왠지 졸음이 오네. 잘 자요" 하고는 잠자리에 들었다고 합니다.

할머니는 적절하게 대처했던 것 같습니다. 어쩌면 빚쟁이가 온다는 이야기를 망상이라고 생각하지 않았을지도 모릅니다. 망상이 있는 남편을 본인이 현명하게 대처해야 한다고도 생각하지 않았겠지요.

손님이 온다면 집을 깨끗이 치우는 것이 할머니에게는 어쩌면 당연한 일이었는지도 모릅니다. 어찌 되었든 본인에게 위험이 미치지 않는다면, 현실 세계로 억지로 데려오려고 할 것이 아니라, 우리가 부모가 사는 세계에 들어가 보면 어떨까요? 이야기를 공유하고 침착하게 지켜보면 부모도 점차 안정을 되찾을 테니까요.

이는 치매인 사람에게만 해당하는 이야기가 아닙니다. 저는 일찍이 정신과 의원에서 일했는데, **망상을 호소하는 사람은 이야기를 부정당하면 당할수록 증상이 심각해집니다.** 그럴 때는 "그럴 리가 없다", "말도 안 된다" 하며 부정하기보다는 "그렇군요" 하며 이야기를 듣습니다.

정신과 의사인 제 친구는 도청기가 설치되어 있다고 주장하는 환자와 함께 먼지를 뒤집어써 가며 지붕 밑을 뒤진 일이 있다고 합니다. 물론 도청기는 나오지 않았습니다. 친구가 환자에게 "아직 어딘가에 있을 것 같은 느낌이 드시나요?"라고 물었더니 "네, 아직 있을 것 같아요"라고 대답하기에 친구는 "어쩌면 이 벽 뒤쪽에 있을지도 몰라요" 하며 망치로 벽을 부수려고 했답니다. 그러자 환자가 되레 놀라서 말렸고, 그 후로 그 망상은 완전히 사라졌다고 하더군요.

# 잊어버린 것을 지적하지 마세요

:

치매인 부모의 잘못된 기억이나 착각이 가족에게는 망상처럼 보일 수도 있습니다. 치매는 뇌의 병이지만, 무엇을 잊고 무엇을 어떤 형태로 기억에 남길지는 스스로 선택합니다.

본인이 떠올리기 싫어서, 혹은 잊어버려야 해서 잊은 거라면 **잊어버렸다는 사실을 굳이 지적하거나 억지로 떠올리게 하거나 기억을 정정해서는 안 됩니다.**

치매를 앓던 제 아버지는 만년에 자신의 아내, 즉 어머니를 기억하지 못했습니다. 그런데 제 생각에는 여든이 넘은 아버지가 자신이 결혼했다는 사실이나 25년 전에 반려자를 잃었다는 사실, 그 후로 계속 혼자 살아왔다는 사실을 기억하는 것이 별로 행복할 것 같지는 않습니다.

아버지는 아마 기억하고 싶지 않았던 것이겠지요. 그렇다고
는 하지만 앨범 속 사진을 보여 줘도 어머니를 떠올리지 못한
다는 사실에는 적잖이 놀랐습니다. 과거를 잊어 가는 아버지
를 보고 괴로웠던 기억이 납니다. 부모와 함께 걸어온 역사와
그 속에서 살아온 제 존재도 사라지는 느낌이 들었으니까요.

치매가 진행되고, 보살핌이 필요해진 아버지가 "너는 언제
장가갈래?"라고 물으신 적이 있습니다. 오래전에 결혼해서 제
아내도 함께 아버지를 돌보고 있었는데, 제가 아직 결혼하지
않았다고 생각했던 겁니다.

하지만 왜 그런 걸 묻느냐고 했더니 "너 결혼하는 거 보기
전까진 못 죽으니까"라는 대답이 돌아왔습니다. '진즉에 결혼
했다'라고 말하면 아버지가 급격하게 쇠약해지실 것 같아서
저는 말을 얼버무리고 말았습니다.

젊은 시절, 삐걱대던 아버지와 저 사이에서 어머니는 방파
제가 되어주었습니다. 그런 어머니가 갑자기 돌아가시고, 제
가 결혼하기 전까지 한동안 저는 아버지와 단둘이 살았습니
다. 반년도 안 되는 시간이었지만, 저에게는 힘들고 버거운 시
기였습니다. 하지만 그 무렵의 일을 아버지가 기억하시고, 나
중까지 제 결혼을 염려하신 걸 보면 아버지는 저와 지내던 시
간을 저와는 전혀 다른 형태로 인식하고 계셨던 것 같습니다.

부모가 무언가를 잊음으로써 비로소 알아차리게 되는 것도 있습니다. 제가 그걸 알게 된 것은 아버지 덕분입니다. 그런 의미에서 아버지는 온갖 것을 잊어버렸지만, 잊어버림으로써 가족에게 공헌한 셈입니다.

어머니는 잊어도, 결코 좋았다고는 할 수 없는 관계였던 저와의 생활은 아버지 기억에 남아 있었습니다. 아버지가 무의식중에 골랐던 것이겠지요. 아내가 먼저 떠난 슬픔을 잊고, 아들이 결혼할 때까지는 힘내야 한다고 마음속으로 애쓰고 있었을지도 모릅니다.

아버지가 마지막까지 힘들게 저를 기억한 데에는 제가 어려서부터 걱정을 끼쳤던 것도 한몫했을 겁니다. 중학교 2학년 때 저는 오토바이와 정면충돌하는 큰 사고를 당했습니다. 오른손과 골반이 골절되어 전치 3개월의 진단을 받았지요. 회사에서 그 소식을 전해들은 아버지는 사고로 제가 죽은 줄 알았다고 합니다.

그 후에도 아버지는 제 인생을 상당히 걱정했던 것 같습니다. 결혼뿐만 아니라 봄이 되면 전화를 걸어서 "취직은 정해졌니?" 하고 묻곤 하셨습니다.

부모에게 걱정 끼치기를 권하는 건 아니지만, **가족을 염려하거나 자신을 필요로 하는 가족이 있다고 느끼는 사람은 살아**

**갈 힘을 내고는 합니다.** 앞에서 말한 것처럼 제가 심근경색으로 긴급 입원했을 때도 점점 노쇠해지던 아버지가 갑자기 기운을 차리고, 퇴원할 때는 차로 저를 데리러 오겠다고 해서 가족을 놀라게 했지요.

하지만 아버지의 인지기능은 그 후로 급격하게 떨어지고 말았습니다. 제가 제 병에 신경 쓰느라 아버지의 변화를 알아차리지 못한 탓도 있지만, 연로한 아버지에게 걱정을 끼치고 싶지 않고, 아버지가 무리하지 않았으면 하는 마음에 조심했던 것도 사실입니다. 한동안 전화를 걸지 않는 사이에 상태가 확연하게 달라져 있었습니다.

만약 그때 제가 아버지를 더 의지했더라면 살아갈 힘을 북돋울 수 있었을지도 모르고, 치매가 진행되는 것도 더 빨리 알아차리고 손을 쓸 수 있었을지도 모른다며 지금도 가끔 후회하고는 합니다.

# 망각은 여과기

:

제가 아버지의 치매를 처음 알아차린 것은, 노후 자금은 충분히 있는데 신용카드로 인출할 수 없다고 은행에서 연락이 왔을 때였습니다.

그 후 아버지는 내과 병원에 2개월쯤 입원했습니다. 그 사이 아버지의 강아지를 여동생 집에서 맡아 주었는데 퇴원해서 집에 돌아왔을 때 아버지는 강아지 이야기를 전혀 꺼내지 않았습니다. 오랫동안 함께 살았고, 그렇게 귀여워했는데 존재마저 까맣게 잊어버린 겁니다.

또 아버지는 어떤 종교의 신자로 한때는 깊이 귀의해서 저에게도 같이 믿자고 강하게 권했었는데, 퇴원 후에는 불단 앞에 서는 일도, 문을 여는 일도 없었습니다. 저는 그 깊던 신앙

심과 관심이 망각의 저편으로 사라졌다는 사실에 놀랐습니다.

입원하기 전까지는 반려동물도, 종교도 모두 활력의 원천으로 필요했겠지요. 이들을 잊어버린 것은 거기서 자유로워졌기 때문인지도 모릅니다.

"망각을 통해 마음에 머무는 것을 신뢰한다. 망각은 여과기다."

이는 철학자 쓰루미 슌스케(鶴見俊輔)가 일기에 남긴 말입니다[《망각첩(もうろく帖) 후편》]. 인간은 만년에 '지금, 여기'를 살기 위해 수많은 기억을 버리고, 정말 중요한 것만을 남기려고 하는 건지도 모릅니다.

만년의 아버지는 과거와 현재, 꿈과 현실이 합쳐진 깊은 안개 속에서 사는 것 같았습니다. 그런데 그 안개가 갑자기 걷힐 때도 있었지요. 이럴 때 아버지는 기억도 분명해서 자신이 지금 어디에 있고, 어떤 상황인지를 완벽하게 이해하고 있는 것처럼 보였습니다.

갑자기 안개가 걷히는 순간이 있다는 것, 그 순간이 오래 이어지지 않는다는 것을 돌보는 사람은 가슴에 새기고 그 행복한 순간을 놓치지 않기 위해 애써야 합니다.

기억의 안개가 걷힌 어느 날, 아버지는 이렇게 말씀하셨습니다.

"잊어버린 건 어쩔 수 없지. 할 수만 있다면 처음부터 다시 시작하고 싶구나."

이 말은 치매를 둘러싼 부모 자식 관계의 핵심을 꿰뚫고 있는 것 같습니다. 인간은 과거에 사로잡혀서 살지만, 과거로 돌아갈 수는 없습니다. 하지만 언제든지 처음부터 '지금, 여기'에서 관계를 재구축할 수는 있습니다.

만약 부모가 자식인 자신을 잊어버린다면 처음 만난 사람처럼 신선한 기분으로 부모와 새롭게 좋은 관계를 만들기 위해 노력하면 됩니다. 만약 아내가 나를 잊었다면 아내와 다시 연애하면 된다고 생각하면 그만입니다. 그러면 잊힐 것을 두려워할 일은 없겠지요.

쓰루미 슌스케는 이런 말을 남겼습니다.

"지금 여기에 있다. 그밖에 무엇을 바라겠는가."

가장 가까운 사람조차 떠올리지 못하는 부모를 보면 서글퍼지지만 **'지금, 여기'를 사는 부모는 인간으로서 이상적인 삶의 방식을 취하고 있다**고도 할 수 있습니다. 망각이라는 여과기를 통해 가장 소중한 것은 기억하고 있다면, 가족이 할 수 있는 최선은 그가 기억하는 것을 함께 소중히 여기고, 그 의미를 짐작하기 위해 애쓰는 일입니다.

# 치매 걸린 부모가
# 이상적인 삶의 방식을 보여 줍니다

:

"잊어버린 건 어쩔 수 없지"라는 아버지의 말을 들었을 때, 아버지를 보살피던 저는 이 말을 마음에 새겨야겠다고 생각했습니다.

부모가 무언가를 잊거나 못 하게 되는 것은 어쩔 수 없는 일입니다. 이를 근심해 봤자 상황은 나아지지 않습니다. 부모가 과거에 집착하거나 예전의 본인에 대한 그리움을 버리지 못한다 해도 우선은 보호자가 된 내가 과거를 내려놓을 결심을 하고, '지금, 여기'에 집중해야 합니다.

과거를 내려놓는다는 것은 바꿔 말하면 **인생을 매일 새롭게 시작하는 마음으로 산다**는 뜻입니다. 어제의 일을 끄집어내는 일 없이 매일 처음 만난다는 마음으로 부모를 대한다면, 상대의 이야기에 귀 기울이며 존경심을 가지고 대할 수 있겠지요.

　과거뿐만 아니라 미래도 내려놓을 결심을 해야 합니다. 먼 미래만 고민하고 있으면 현재에 소홀해집니다. 매일 새로운 인생을 시작하는 것이기에 내일의 과제는 내일 생각하면 됩니다.

　**과거에 사로잡히지 않고, 미래를 걱정하지 않는다**는 의미에서도 치매인 부모는 이상적인 삶의 방식을 보여 준다고 할 수 있습니다. 온갖 것을 알 수 없게 되어 가는 가운데 죽음의 공포조차 희미해져 갈지도 모릅니다. 죽음의 공포에서 완전히 벗어날 수 있을 것 같지는 않지만, 적어도 가끔은 자유로워질 수 있겠지요.

　이는 그야말로 '지금 여기에 있다. 그밖에 무엇을 바라겠는가'의 경지입니다. 그런 삶의 방식을 취할 수 있다는 사실을 치매에 걸린 부모는 알려 주고 있는 것이지요.

　'지금 여기에 있는 것으로 충분하지 않으냐'라는 말은 돌봄의 소용돌이 가운데서 지나치게 애쓰고 있는 이에게도 전하고 싶은 메시지입니다.

　뭔가를 해야만 돌봄을 행하는 건 아닙니다. 아버지는 만년에 식사 외의 시간에는 누워만 계셨습니다. "누워만 있으니까 내가 없어도 되지?"라고 했더니 아버지는 정색하며 이렇게 말했습니다. "나는 네가 있으니까 안심하고 누워 있을 수 있는 거야."

철학자 와시다 기요카즈(鷲田清一)는 "무언가를 하는 것은 아니지만 가만히 옆에 있어 주는 것이 가지는 힘을 높이 산다"라고 말했습니다[《이해할 수 없는 심정(噛みきれない想い)》]. 그저 함께 있기만 하면 된다고 생각하면 마음이 편해집니다.

무언가를 해 줘야 한다고 생각하는 이유는 생산성을 따지듯 돌봄을 보기 때문입니다. 하지만 사람을 돌보려면 거리를 두고, 성과나 보상을 얻으려는 마음을 버려야 합니다. 돌봄도 육아도 보상을 바라면 괴로워집니다. 돌봄으로써 공헌했다고 느꼈다면 그걸로 족하다고 여겨야 합니다.

저 역시 그렇게 마음먹고 아버지를 돌보던 어느 날 아버지가 뜻밖에 "고맙다"라고 말씀하셔서 기뻤던 기억이 납니다. 전혀 예상하지 못한 말이었기 때문입니다. 그 직후에 "밥은 아직이냐?"라고 하셔서 기운이 빠졌지만 "지금 막 먹었잖아" 했더니 "그랬구나" 하며 한발 물러나시더군요.

돌봄은 허탈감을 동반할 때가 있습니다. 부모를 위해 이리저리 마음을 쓰고, 여기저기 모시고 다녀도 부모는 기억하지 못할 때가 있습니다. 그렇지만 저 역시 어린 시절 부모가 해 준 일을 다 기억하지 못하지요. 부모를 보살필 때는 같은 일이 자신에게도 일어나고 있다고 생각하면 그만입니다.

# '할 수 있는 일'에 초점을 맞춰 봅시다

:

우리가 할 수 있는 것은 항상 '지금, 여기'에서 할 수 있는 최선의 일을 하기로 다짐하며 사는 것입니다. 그렇지만 돌아보면 '그때 이렇게 했으면 좋았을걸' 하는 일투성이지요. 부모를 간병하다 보면 후회할 일이 참 많습니다.

하지만 부모 돌봄이 끝났을 때 내가 '하지 못한 일'에 주목할 것이냐, 아니면 '한 일'이나 조금이라도 '마음이 통했던 순간'에 주목하느냐로 돌봄의 이미지는 완전히 달라집니다.

저는 어머니가 뇌경색으로 쓰러지셨을 때 처음부터 뇌신경외과가 있는 병원을 찾았더라면 더 빠른 단계에서 받아야 할 치료를 받을 수 있었을지 모른다며 후회했습니다. 계속 병실에서 간호했으면서 어머니의 임종을 지키지 못했다는 사실

역시 큰 후회로 남아 오랫동안 제 마음을 괴롭혔습니다.

하지만 세심하게 주의를 기울이고, 아무리 열심히 간호한다고 해도 사고는 일어납니다. 그것은 불가항력입니다. 그 누구도 책망할 수 없습니다.

주위 사람도, 자기 자신도, 실패에만 초점을 맞추고 간호 방식이 잘못되었다, 아니다 하며 부정적으로 평가하는 건 이상합니다.

저는 어머니의 죽음을 옆에서 지키지 못한 것을 후회하며 이 사실을 아버지와 여동생에게 차마 말하지 못했습니다. 하지만 어머니가 숨을 거두는 그 순간에 하필이면 자리를 비웠다는 사실을 알았더라도, 아버지는 저를 책망하지 않았을 겁니다.

사실은 오랜 시간 간병해 왔다는 그 자체에 초점을 맞춰야 했습니다. 설령 그 기간에 잘못이나 실수가 잦았더라도, 그 시간에 할 수 있는 최선을 다했다고 생각하는 게 중요합니다.

어머니가 쓰러지시고 돌아가시기까지 3개월 동안, 정말 많은 일이 있었습니다. 저는 마지막 순간에만 초점을 맞춰서 '내가 할 수 있는 일이 더 있지 않았을까?' 하며 스스로 책망했지만, 어머니는 의식이 또렷하던 시기에 병상에서 저와 독일어 공부를 할 수 있었던 걸 기쁘게 생각하셨을 겁니다.

그것은 어머니에게 행복한 경험이었고, 저는 어머니의 행복에 공헌했을 테지요. 그 사실에 초점을 맞추고서야 비로소 제가 해 온 일과 어머니의 죽음을 소화하고 받아들일 수 있게 되었습니다.

이는 병간호에만 해당하는 이야기가 아닙니다. 인생을 살다 보면 온갖 일이 일어납니다. **'지금, 여기'에 초점을 맞춘 삶의 방식을 취하면 자신이 지금까지 최선을 다하고, 열심히 살아왔다는 걸 느낄 수 있고, 그렇게 생각하면 분명 실패도 용서할 수 있을 겁니다.**

과거가 달라지는 일은 없지만, 다른 부분에 다른 각도로 초점을 맞춰서 과거를 본다면, 자신을 탓하며 후회의 늪에 빠지는 일은 없겠지요.

제7장
# '못 한다'라고 말할 용기가 중요합니다

# 우선 자신이 행복해야 합니다

:

부모를 간병하는 사람이 후회에 휩싸이고, 정신적 궁지에 몰리는 게 되는 원인 가운데 하나는 자신이 노력하면 부모를 행복하게 해 줄 수 있다고 착각하기 때문이 아닐까요? 하지만 자녀가 부모를 행복하게 해 줄 수는 없습니다. 행복하기를 바라며 가능한 한 많은 일을 해도 부모를 직접적으로 행복하게 '하는' 일은 불가능합니다.

아이의 등교 거부를 걱정하는 분이 상담을 받으러 올 때가 있습니다. "제가 어떻게 하면 좋을까요?" 하고 비통한 표정으로 묻지만, 부모가 할 수 있는 일은 없습니다. 학교에 갈지 말지는 아이의 과제이며 아이가 결정할 일이기 때문입니다. 설령 아이가 학교에 가지 않거나, 부모의 이상과 다르더라도 그

런 '지금, 여기'를 아이와 사이좋게 살아가는 것이 부모가 할
수 있는 일의 전부입니다.

부모와 자녀의 관계가 좋아지면 아이가 학교에 가려고 할
수도 있지만, 그럼에도 가려고 하지 않을 수도 있습니다. 그것
역시 아이가 결정할 일입니다.

등교를 거부하는 아이나 니트족[7] 상태에 있는 자녀가 언젠
가는 학교나 사회로 나가기를 간절히 바라지만 현실의 아이
는 계속 집에 머무른다면, 부모는 이로 인해 아이가 온전한 인
생을 살지 못하고 있다고 생각합니다. 아이 역시 그렇게 느끼
고 있다면, 부모나 아이 둘 다 '지금, 여기'에서의 삶을 낭비하
게 됩니다.

아이의 등교 거부나 은둔형 외톨이 생활로 고민하는 부모는
지칠 대로 지친 모습으로 상담을 받으러 옵니다. '나는 지금
불행의 구렁텅이에 빠져 있다'라고 생각한다는 사실이 그 모
습이나 말에서 고스란히 전해집니다.

하지만 아이는 자신이 학교나 사회에 나가지 않는 것으로
인해 부모가 불행해지는 것을 바라지 않습니다. 부모의 행복
과 불행은 아이에게 전염됩니다. 아이의 행복을 바란다면 부

7 Not in Education, Employment or Training, NEET. 일할 의지가 없는 청년 무
직자.

모가 먼저 행복해져야 합니다.

인간이 불행하다는 듯이 행동하는 데는 목적이 있습니다. 주위 사람이나 세상 사람의 동정을 얻기 위해서입니다. 하지만 그런 행동은 아이를 적으로 돌리게 됩니다.

'열심히 키웠는데 저 아이가 학교에 가지 않으니, 나는 이렇게 불행한 거다'라는 사실을 세상에 알리는 부모의 행위를 본다면 아이가 기뻐할 리 없지요. 아이가 학교에 가느냐 마느냐와 상관없이 부모는 행복하면 됩니다.

이런 이야기를 하는 이유는, 똑같은 원리가 간병에도 적용되기 때문입니다. 차고 넘칠 만큼 부모에게 헌신하고 있는데도, 충분히 효도하지 못하고 있다고 생각하는 사람은 자기도 모르는 사이에 자신이 얼마나 힘든지, 얼마나 애쓰고 있는지를 주위 사람들에게 호소하려 합니다.

하지만 돌봄을 받는 부모는 자신을 돌보는 자녀의 불행해 보이는 모습이나 태도를 기뻐하지 않을 것입니다. 부모에게 자녀의 불행만큼 괴로운 일은 없습니다. 자신을 돌보느라 불행하다면 더욱 그렇겠지요.

미키 기요시는 "우리는 우리가 사랑하는 사람에게 자신이 행복한 것 이상으로 좋은 일을 할 수 있겠는가?"라고 묻습니다. **사람은 누군가를 행복하게 하거나 누군가로 인해 행복해질**

**수 없습니다. 가족의 행복을 생각한다면 우선은 자신이 행복해야 합니다.** 그것 이상의 일은 할 수 없습니다.

돌봄을 할 때는 자신이 '할 수 있는 일'을 진지하게 해야 하는데, '못 하는 일'이 있더라도 심각해질 필요는 없습니다. 심각해지거나 불행하다고 느끼는 이유 가운데 하나는 희망과 기대를 구별하지 못하는 데 있습니다.

미키 기요시의 《인생론 노트》에는 다음과 같은 구절이 나옵니다.

"희망을 품는 것은 머지않아 실망하는 것이니, 실망의 괴로움을 맛보고 싶지 않은 사람은 처음부터 희망을 품지 않는 게 낫다고들 한다. 하지만 잃어버릴 수 있는 희망은 희망이 아니라 오히려 기대와 같은 것이다."

실망(失望)은 '희망을 잃는다'라는 뜻인데, 본래 희망이란 결코 잃을 수 있는 것이 아닙니다. 희망은 '생명의 형성력(形成力)'이라고 미키 기요시는 말합니다. 생명의 형성력이란 생명을 잇고, 인생을 풀어 나간다는 의미입니다.

어떤 절망적인 상황에서도 인간은 희망을 품을 수 있습니다. 희망에는 인생을 개척하고, 인생을 변화시켜 나가는 힘이 있습니다. 부모를 돌보게 되었을 때도 부모가 나아지기를 기대하거나, 감사 인사를 기대해서는 안 됩니다. 어떤 상황이라도 부모와 자신이 행복해지길 희망하고, 무엇보다 우선은 자신이 행복해야 합니다.

돌봄의 현실은 절대 만만치 않지만, 돌봄이라는 현실로 들어갈 수밖에 없다면 기쁜 마음으로 하는 편이 행복하지 않을까요? '어쩔 수 없이 부모를 돌봐야 한다'가 아니라 부모를 돌보면서 '부모와 함께 있는 시간이 다른 형태로 조금 더 생긴다'라는 식으로 생각해 보면 어떨까요?

일찍이 저에게 아버지는 조금 껄끄러운 존재였습니다. 하지만 돌봄을 시작하고 아버지와의 관계가 크게 달라졌습니다. 물론 돌봄을 할 때는 괴로운 일도 있고 힘든 시기도 있었지만, 앞에서도 본 것처럼 이것 역시 인생이고 운명입니다. 차츰 이런 형태로 함께 지내는 것도 행복한 일이라고 생각하게 되었습니다.

밋밋한 암흑으로 보이는 현실도 마음의 눈의 각도를 아주 조금만 바꾸면 깊이 있는 입체가 되고, 빛이 비치는 부분이 있다는 사실 역시 알아차릴 수 있습니다.

# 기쁨은 인간관계 안에서만 생겨납니다

:

고령자가 자신보다 더 나이 많은 고령의 부모나 가족을 돌보는 '노노개호'[8]가 늘고 있습니다. 돌봄의 피로 때문에 자살하는 불행한 사례도 있는데, 힘들면 주위에 도움을 요청했으면 좋겠습니다. **도움이 필요해지는 것은 좌절할 일도, 부끄러운 일도 아닙니다.**

저 같은 경우는 아픈 노인이 노인을 돌보는 '노병개호(老病介護)'였습니다. 아버지를 돌보게 되었을 때는 제가 수술을 받은 지 얼마 되지 않았던 때였습니다. 게다가 아버지를 돌보는

---

8 老老介護. 초고령사회인 일본에서 간병 인력이 부족해서 고령자가 고령자를 보살피는 현상을 뜻한다. 2025년 초고령사회로 진입하는 우리나라 역시 같은 현상이 발생할 것으로 예상된다.

와중에 천식을 앓기도 했습니다. 심신이 피폐해지기 전에 사태를 근본적으로 해결하기 위해서 저는 더 이상 못 하겠다고 말해야 했습니다.

할 수 없는데 무리하는 이유는 무의식중에 '애쓰고 있다'라고 하는 주위의 평가를 원하고, '대충 하고 있다'라는 지적을 받는 것에 대한 저항감이 있기 때문입니다. 돌봄이나 육아도 '이래야 한다', '완벽해야 한다'라는 고정관념에서 벗어나야 합니다.

집에서의 돌봄에 체력적인 한계를 느끼던 차에 다행히 시설에서 아버지를 맡아 주게 되었습니다. 개인차도 있겠지만, 저희 아버지는 집에서 간병받을 때보다 시설에 들어간 뒤로 상태가 좋아졌습니다. 집에서는 저와 아내 외의 사람과 이야기하거나 관계를 맺는 일이 거의 없었지만, 시설에서는 많은 직원과 관계를 맺고 다른 어르신들과도 대화를 나누었기 때문인 것 같습니다.

상태가 호전된 덕에 처음에는 치매 환자를 돌보는 병동에 있다가 얼마 지나지 않아 일반 병동으로 옮길 수 있었습니다. 아들러는 "모든 고민은 인간관계에서 비롯된다"라고 말했지만, **기쁨 역시 인간관계 속에서만 생겨납니다.** 부모를 시설에 맡기는 일에 대해 저항감을 느끼거나 주저하는 사람도 적지 않지만, 긍정적인 선택지 가운데 하나라고 생각해도 될 것 같습니다.

필요한 도움을 얻으려면 우선 자신이 행복해야 합니다. 돌봄의 어려움을 푸념하며 괴로운 표정을 하고 있으면, 도움의 손길을 뻗으려던 사람도 뒷걸음치고 마니까요.

가족이 한 팀이 되어서 돌봄을 이어 갈 때는 그때까지 주요 보호자였던 자신의 방식을 강요하지 않는 것도 중요합니다. 부모가 매일 보는 자신보다 가끔 찾아오는 가족이나 친척에게 더 잘해 줄 수도 있습니다. 그렇다고 그런 일로 화를 내는 것은 시간 낭비입니다. 가끔 오는 사람은 부모에게는 손님입니다. 손님과 즐겁게 지내고 나면 기분이 좋아져서 본인도 편하다고 생각하면 됩니다.

팀 간호를 할 때는 돌봄받는 부모의 상태를 멤버 모두가 공유할 수 있는 방법을 찾아야 합니다. 어머니가 쓰러졌을 때, 평일에는 자정부터 저녁 6시까지는 제가 곁을 지키고, 저녁 6시부터 자정까지는 아버지가, 주말에는 여동생이나 제 아내가 곁에 있어 드렸습니다.

그때 활약한 것이 연락 노트입니다. 이를 통해 어머니의 상태나 그날 어떤 치료를 받았는지, 검사 수치, 사무적인 연락을 포함해 가족끼리 정보를 공유할 수 있어서 안심할 수 있었고,

모두가 간병을 책임지고 있다는 의식을 가지는 데도 도움이 되었습니다. 요즘 같으면 메일이나 메신저를 활용할 수도 있겠지요.

매일 노트를 쓰다 보니 하루하루가 충실해졌습니다. 가족에게 어머니 상태를 전달하기 위해 주의를 기울여 어머니의 변화를 살펴보았기 때문인 것 같습니다.

또 매일의 변화를 극명하게 기록하다 보니 무언가가 급격하게 나빠지는 것도 아니고, 계속해서 나빠지기만 하는 것도 아니라는 사실을 알게 되었습니다.

아버지의 만년도 한동안 평탄한 길이 이어지다가 조금 덜컹하고 떨어지고, 또 평탄한 길이 이어지는 느낌이었습니다. 그 사실을 알고 '아직 약간의 유예 기간이 있다', '조금 더 함께 있을 수 있다'라는 사실을 알 수 있었던 것은 저에게는 큰 빛이었습니다. 아버지가 급속도로 그저 쇠퇴해 가기만 하는 게 아니라는 사실을 아는 것은 돌봄 생활을 하는 제 마음에 여유를 가져다주었습니다.

# 못 할 때는 '못 한다'라고 말해도 됩니다

:

부모를 돌보고 있는 사람도 언젠가는 보살핌을 받게 될지도 모릅니다. 그때 열쇠가 되는 것은 역시 자신의 가치를 어디에 두느냐가 되겠지요.

어느새 온갖 일을 할 수 없게 되고, 방금 있었던 일조차 잊어버리게 된다 하더라도 인간으로서의 가치를 생산성에만 두지 않으면 자신에게 가치가 없어진 것이 아니라는 사실을 알수 있습니다. 돌봄을 받는 사람은 돌보고 있는 가족이 공헌했다고 느끼는 데 공헌하고 있는 것이기에 민폐만 끼치고 있다고 여기지 않아도 됩니다.

'돌봄을 받는 나는 가족의 골칫거리. 나만 없으면……'

이렇게 생각하는 사람도 있지만, 오히려 그 사람이 죽은 후에 가족이 삐걱대기도 합니다. 그가 가족이 뭉치는 구심점이 되고 있었던 것이지요.

앞으로 돌봄이 필요한 사람은 더 늘어날 겁니다. 한발 앞서서 돌봄을 받게 된 사람은 돌봄을 받는 자신을 비하하거나 미안함에 움츠러들지 말고, 돌봄을 받는 사람의 좋은 본보기가 되어주었으면 합니다.

아기가 부모에게 보살핌을 받는 것을 부끄러워하지 않는 것처럼 주어진 것은 당당하게 받아도 됩니다. 돌봄을 받고 있어도 주위 사람들이 '즐거워 보인다', '돌봄을 받는 것도 나쁘지 않은 것 같다'라고 느낄만한 인생을 보낸다면, 그것도 일종의 타자공헌입니다.

돌봄을 받게 되었을 때 자신을 비하하는 사람이 있는가 하면, 고압적인 자세로 무리한 요구를 하는 사람도 있습니다. 자신이 원하는 순간에 자기 마음에 드는 돌봄, 지원을 해 주지 않는 데 대한 분노를 표출하는 것이지요.

그런 사람은 자신이 공동체의 중심에 있는 것이 아니라는 사실을 자각하지 못하는, 즉 '어른'으로서 자립하지 못한 사람입니다. 이들은 트러블 메이커가 되어서 주변 사람들의 관심을 끌고 공동체의 중심에 있으려고 합니다.

하지만 '돌봄을 받는 처지가 되었다는 사실을 받아들이지 못해서 그런 태도를 취하는 것뿐'이라고, '다들 적어도 처음에는 그럴지도 모르고, 나 역시 그렇게 행동할지 모른다'라고 공감한다면 화를 내지 않을 수 있을 겁니다.

돌보는 사람과 돌봄을 받는 사람에게 요구되는 것은 기본적으로 같습니다. 자립한 어른이 되고, 생산성에서 벗어나며, **못하는 것을 '못 한다'라고 말할 수 있는 용기를 가지는 것**입니다.

돌보는 사람 입장에서 가장 곤란한 것은 돌봄을 받는 사람이 '못 하는 것'을 인정하지 않는 일입니다. 배변 문제 하나만 놓고 보더라도 괜찮다고 하다가 실수하는 것보다는 '혼자서는 어렵다. 부탁한다'라고 말하는 편이 가족으로서는 더 고맙습니다.

제 아버지는 다른 사람이 자신의 대소변 시중을 드는 것을 꺼리지 않았습니다. 저도 그러고 싶지만, 제가 입원했을 때 혼자서는 식사를 할 수 없어서 간호사가 숟가락으로 한 입씩 떠먹여 주었는데 적잖이 멋쩍더군요. 이것만은 그 상황이 되어 보지 않으면 알 수가 없습니다.

다만, 자녀가 돌봐 주거나 간병해 주는 일에 지나치게 거부감을 느낄 필요는 없겠구나 싶었던 경험을 한 적이 있습니다.

계단에서 발을 헛디뎌서 다리를 삐는 바람에 목발 생활을 했을 때, 혼자서는 계단을 오르고 내릴 수 없던 저에게 아들이

은근슬쩍 어깨를 빌려주더군요. 이런 식으로 '힘이 되어 주는 것'은 상쾌하고 기분 좋은 일이라고 느꼈습니다.

저는 원래 다른 사람에게 부탁을 잘 하지 않습니다. 차라리 기어서라도 혼자 계단을 이동하려고 생각하는 쪽이기에 아마 제가 먼저 아들에게 어깨를 빌려 달라고 하지는 않았을 겁니다. 하지만 이런 경험을 하고 나니 도움의 손길을 내밀어 주는 것, 그 손길을 순순히 받아들일 줄 아는 것은 중요하다는 생각이 들었습니다.

제7장 '못 한다'라고 말할 용기가 중요합니다

# 삼촌·이모의 심리학

:

치매를 앓기 전에 아버지가 "네가 하는 상담을 받아 보고 싶구나"라고 말하신 적이 있습니다. 그래서 한 달에 한 번 정도 교토역에서 만나 식사를 하며 아버지가 일상생활에서 불만스럽게 생각하는 일 등을 몇 시간이고 들어드렸습니다.

이제 몇 년만 지나면 저도 그때 상담을 받던 무렵의 아버지와 같은 나이가 됩니다. 하지만 아무리 골머리를 앓는 일이 있어도 아들에게 털어놓을 것 같지는 않습니다.

역시 그때가 되어 보지 않으면 모르는 일이지만, 해 주기를 바라는 일을 '해 줬으면 좋겠다'라고 말할 줄 알았던 아버지는 용기가 있었다고 생각합니다. 부모나 자녀, 가족은 관계가 너무나 가까워서 이해가 복잡하게 얽혀 있기에 원칙적으로는 상담할 수 없습니다. 하지만 아버지와는 냉정하게 이야기할 수 있었습니다. 애초에 아버지와 저 사이에 갈등과 마음의 골이 있었던 것이 오히려 행운이었던 것 같습니다. 덕분에 적당한 거리감을 가지고 대할 수 있었으니까요.

부모에게 이야기하기 어려워도 조부모처럼 조금 거리가 있는 가족, 혹은 삼촌이나 이모처럼 **적당히 거리가 있는 관계라면 말하기 쉽고, 상대도 냉정하게 들을 수 있습니다.** 아들러 심리학은 '삼촌·이모의 심리학'이라고 불리기도 하는데, 이는 적당한 거리감을 가지고 상대하고, 서로의 과제에 멋대로 침범하지 않는 것을 중심으로 하기 때문입니다.

가족을 돌보거나 돌봄을 받는 일에 관해서 고민이나 어려움이 있다면 그와 같은 입장에 있는 사람에게 상담해 보거나 부모 혹은 자녀라도 '삼촌·이모의 심리'나 '조카의 시선'으로 이야기하도록 애써 보는 것도 하나의 방법일 것 같습니다.

삼촌·이모의 심리란 상대의 힘이 되고 싶다고 생각하면서도 상대를 별도의 인격으로 인정하고 대하는 자세입니다. 상대가 어떤 공을 넘겨도 "그건 아니지"가 아니라 "그렇구나" 하고 받아들이고, 설령 찬성하지 못하더라도 이해하는 것부터 시작해야 합니다. 이해하는 것은 찬성하는 것과는 다릅니다. 또 좋은 관계가 구축되어 있다면 "이렇게 해 보면 어떨까?" 하고 제안해 볼 수 있습니다.

'돌봄은 아직 먼 미래의 이야기'라고 생각하더라도, 이런 캐치볼 연습은 미리 시작해 두어도 좋을 것 같습니다.

제8장

# '우리'를 주어로 생각해야 합니다

# 퇴직 후의 고민은 인간관계의 고민

:

일본은 세계 최고의 장수국가입니다. 평균 수명이 남녀 모두 80세를 넘어섰습니다. 중국 당나라 때의 시인 두보는 '인생칠십고래희'[9]라고 했지만, 일본에서는 이제 약 5명 중 1명이 70세 이상입니다(2019년 9월 기준).

많은 사람이 장수를 바라고, 실제로 노후의 인생이 길어졌습니다. 하지만 노후의 인생을 구가할 수 있는 사람만 있는 건 아닙니다. 특히 정년을 맞이해 직장을 떠나고 나면 그때부터는 부쩍 늙고, 몸 상태가 나빠지는 사람도 있습니다.

생활 리듬이 크게 달라지는 것도 그 원인 가운데 하나일 테지만, 정년 후의 인생을 즐기지 못하는 이유는 인간관계의 변

---

9 人生七十古來稀. 예로부터 칠십까지 사는 것은 드문 일이라는 뜻.

제8장 '우리'를 주어로 생각해야 합니다

화와 관련이 있습니다. 정년퇴직을 하고 나면 일을 통해 맺었던 많은 관계를 잃게 됩니다. 그리고 이를 대신할 새로운 인간관계를 제대로 구축하지 못하는 것이 큰 문제가 됩니다.

아들러는 모든 고민은 인간관계에서 비롯된 고민이라고 말합니다. 정년 후의 고민도 인간관계의 고민이지요.

지역 도서관에 가면 최근에는 아이들보다 퇴직한 중년 남성의 모습이 더 많이 눈에 띕니다. 그들은 누군가와 인사를 주고받는 것도 아니고, 무언가를 조사하는 것도 아닙니다. 그저 신문을 읽거나 신간 도서를 훑어보거나 창가 의자에 앉아 선잠을 자고는 하지요.

도서관에 다니며 지적 욕구를 채우는 것은 물론 건전한 일입니다. 도서관까지의 거리를 걷기만 해도 집에서 무료하게 지내는 것보다 건강에 좋겠지요.

하지만 지적 욕구를 채울 수 있는 도서관에 다니는 것에 마음이 설레는 사람만 있는 건 아닙니다. 퇴직 후, 새로운 관계를 맺지 못하고 집에서도 설 자리를 찾지 못한 가장이 누구에게도 말을 걸지 않아도 되는 도서관에 도움을 청하고 있는 것처럼 보이기도 합니다. 그런데 그런 이도 사실은 사람과의 관계를 원하고 있습니다.

아들러는《아들러 인생방법 심리학》에서 이렇게 말합니다.

"우리 주위에는 타자(他者)가 존재한다. 그리고 우리는 타자와 연결되어 살고 있다."

인간(人間)을 풀어 쓰면 '사람 사이'를 뜻하는 것처럼, 우리는 사람들 사이에서 타자와 연결되면서 살아갑니다. 산속에서 조용히 사는 사람이라도 산기슭 마을에 사는 사람을 의식하지 않는 건 아닙니다. 세상사람 모두가 자신을 완벽하게 잊어버려도 된다고는 생각하지 않겠지요. 산기슭에 사는 사람 역시 산에 사는 신선 같은 사람이 신경 쓰일 겁니다. 그런 의미에서 타자와의 연결점이 없는 사람, 혼자서 사는 사람은 없습니다.

아들러는 또 "만약 사람이 혼자서 살고, 문제에 혼자 대처하려 한다면 멸망할 것"이라고 지적합니다. 단독으로는 약할 뿐만 아니라 타자와의 연결 없이는 '인간'으로서의 생을 완수할 수 없다는 말입니다.

# 생산성이라는 가치관을 떨쳐 버립시다

:

업무 일선에서 물러나고, 그 시기를 전후해서 아이들이 자립하면, 다시 부부 두 사람의 생활이 시작됩니다. 어쩌면 동반자를 잃고 혼자서 살게 될지도 모릅니다. 그렇게 되었을 때 '누구와 어떤 식으로 관계를 구축해 가느냐'는 신체적인 건강만큼이나, 아니 어쩌면 그 이상으로 생활의 질을 좌우합니다.

**정년 후에 새로운 대인관계를 제대로 구축하지 못하는 이유 가운데 하나는 인간의 가치를 '생산성'으로 보는 습관을 버리지 못하기 때문**입니다. 무언가를 할 수 있느냐 없느냐로 사람의 가치를 판단해 버리는 것입니다.

일의 현장에는 타자와의 경쟁이 있습니다. 얼마만큼 성과를 올렸느냐를 따져서 위치와 서열을 정하기 때문에 타자와의 우열을 의식하지 않을 수 없습니다. 오랫동안 이런 현장에서 치열하게 경쟁하다 보면 자기도 모르는 사이에 자신의 가치까지 생산성으로 측정하게 됩니다.

일할 때 받는 스트레스나 고민, 타인과의 불화도 그런 시선에서 유래합니다. 정년을 맞아 "이제 일로 받는 스트레스에서 해방된다!"라며 당장은 기뻐하더라도, 생산성을 최우선으로 하는 가치관을 버리지 않으면, 그 후에도 같은 스트레스를 느끼게 됩니다. 업무 현장을 떠났다면, '생산성'이라는 가치관부터 의식적으로 떠나보내야 합니다.

그러지 않으면 취미나 지역 활동 등 무언가 새로운 일을 시작하려고 해도 '초보자니까 나는 도움이 안 될 거야', '다들 잘하는데 나만 못 하니까 재미없어' 하며 시작하기 전부터 자신의 의욕을 스스로 꺾게 됩니다. 종전의 가치관에서 벗어나지 못하고, 참가자가 대등한 입장에서 협동하는 봉사활동 등에 상하관계나 서열을 끌어들여서 소외당하는 사람도 있습니다.

밖에서 자신이 있을 곳을 찾지 못하면 집에 틀어박히기 쉽습니다. 그런데 종일 특별히 하는 일 없이 보내지만, 그렇다고 오랫동안 바깥일만 하던 사람이 갑자기 집안일을 능숙하게 해낼 수도 없습니다.

그러면서도 아내가 하는 일에 "요령이 없다", "우선순위를 생각하면 더 효율적으로 할 수 있다" 같은 식으로 충고하고 상사처럼 행동하면, 결국 아내와도 사이가 거북해져서 집에도 있을 곳이 없어질 수밖에 없습니다.

정년 후에 많은 남성이 "나한테서 일을 빼면 아무것도 남지 않는다"라며 한탄하고는 합니다. 할 일도 없고, 갈 곳도 없지요. '이럴 수는 없다'라는 분노와 '이대로는 안 된다'라는 초조함이 공존합니다.

한때 아내가 외출하려고 하면 "나도 갈래" 하며 어디든 따라가려는 남성을 이르러 '젖은 낙엽'이라는 말이 유행하기도 했습니다. 비를 맞은 축축한 낙엽은 쓸어도 좀처럼 쓸리지 않는다는 데서 유래한 말입니다.

물론 퇴직 후에 제2의 인생을 구가하는 사람도 있습니다. 현역 시절에는 하지 못했던 도전, 새로운 만남을 활용해서 어린잎을 틔울 것인가, 아니면 썩은 낙엽이 될 것인가. 그 갈림길에서 중요한 것은 '용기'입니다.

# 타자와의 마찰을 두려워하지 마세요

:

아들러는 "자신에게 가치가 있다고 생각할 때만 용기를 가질 수 있다"라고 말합니다. 여기서 말하는 용기에는 두 가지 의미가 있습니다.

하나는 **과제에 도전할 용기**입니다. 용기가 필요한 이유는, 과제에 임하면 결과가 분명해지기 때문입니다. 어떤 형태로든 결과가 드러난다는 것, 그리고 그 결과가 기대만큼 좋지 않을 수도 있다는 사실을 두려워하는 사람은 과제에 도전하기를 주저합니다.

예를 들어 공부하지 않는 아이에게 "너는 사실 머리가 좋은 아이니까 최선을 다하면 좋은 성적을 낼 수 있어"라고 말하는 부모가 있습니다. 하지만 그런 말을 들은 아이는 최선을 다해

제8장 '우리'를 주어로 생각해야 합니다

서 공부하려고 하지 않습니다. 최선을 다해도 좋은 성적을 얻지 못하는 현실에 직면하고 싶지 않기 때문입니다. '하면 된다'라는 가능성 속에서 사는 편이 낫기 때문이지요.

정년 후의 새로운 도전도 마찬가지입니다. "나는 하면 된다. 다만 지금은 하지 않는 것뿐이다"라고 말하는 사람은 할 수 없을지도 모른다는 현실에서 도망치고 있는 것에 불과합니다. "이런 일은 해 봤자 소용없다", "도전할 가치가 없다"라고 단정하는 것도, 과제에서 도망치려는 방편에 불과합니다.

무엇이든 도전하지 않으면 시작되지 않습니다. 못 할 가능성도 있지만, 그렇더라도 '못 한다'라는 현실에서 시작하는 수밖에 없습니다. 언제까지고 '하면 된다', '언젠가는 한다' 하는 가능성 속에서만 살면 길을 개척할 수 없습니다.

아들러가 지적하는 또 하나의 용기는 **인간관계에 뛰어들 용기**입니다. 타자와 관계를 맺으면 마찰이 생길 수밖에 없습니다. 남에게 미움받거나 원망을 듣거나 배신당하는 일도 있겠지요.

이를 두려워해 '미움받고 상처받을 바에야 다른 사람과 관계하지 않는 게 속 편하다'라고 생각하는 사람도 적지 않습니다. "이웃과의 왕래 같은 건 귀찮을 뿐이야. 득 될 게 하나도 없다니까?" 하며 큰소리치는 것도 인간관계에 뛰어들 용기가 없다는 증거입니다.

아들러는 "모든 고민은 인간관계에서 비롯된다"라고 말하는데, 삶의 기쁨이나 행복 역시 인간관계 속에서만 얻을 수 있습니다.

젊은 시절, 오랫동안 사귀었던 사람과 결혼을 생각한 이유는 뭔가요? 이 사람과 함께라면 행복해질 수 있다고 생각했을 게 틀림없습니다. 설령 나중에 그 결심이 큰 착각이었다는 사실을 알게 되었다 하더라도 말입니다.

인간은 타자와의 관계 속에서 살아갑니다. **타자와의 관계를 떠난 행복은 없다**는 말입니다.

노후를 행복하게 보내고 싶다면, 인간관계에 발을 들여놓을 용기를 내야 합니다. 그렇다고 의리로 마음이 내키지 않는 인간관계를 맺어야 한다는 말이 아닙니다. 오히려 앞으로는 의리나 세상의 속박에서 벗어나 정말로 소중한 사람과의 관계를 지켜 나가는 것이 중요합니다.

# 있는 그대로의 나를 좋아해도 됩니다

:

그런 인간관계를 시작하기 위해서는 무엇보다 '나에게 가치가 있다'라고 생각하는 것이 중요합니다. 자신에게 가치가 있다고 생각해야만 인간관계를 시작하려는 마음이 들기 때문입니다. 그런데 생산성을 유일무이의 가치로 생각하던 사람은 생산성의 원천인 업무 현장에서 떠나고 나면 자신에게서 가치를 찾아내지 못하게 됩니다.

하지만 퇴직하고 잃는 것은 소속과 직책, 직함일 뿐입니다. 나이를 먹고, 온갖 기능의 쇠퇴가 현저해졌다고 해도 사람으로서의 가치가 떨어지는 일은 없습니다.

**있는 그대로의 자신의 가치를 인정하고 '지금, 여기'에 있는 자기를 좋아하려면** 가치에 대한 생각을 전환해야 합니다. 생산성에 가치가 없는 것은 아닙니다. 생산성에만 가치가 있는 게 아니라는 말이지요.

수컷 원숭이는 자신의 우위를 과시하기 위해 다른 수컷 원숭이의 등에 올라타는 습성이 있습니다. 마운팅이라고 불리는 행동입니다. "직업이 뭐예요?", "어느 회사에 다녀요?", "어디 대학 출신이에요?" 하며 초면인 상대에게 학력이나 직위를 묻는 것도 이와 같은 행위라고 할 수 있겠지요. 이런 질문을 통해 자신과 상대와의 상하관계와 우열을 분명하게 해서 말투부터 대접 방식에 이르기까지 상대에 대한 태도를 결정하려는 것입니다.

이러한 태도는 모두 열등감과 허영심에서 비롯된 것입니다. 이처럼 과거의 영광에 계속해서 매달리는 모습은 꼴사납습니다.

갑자기 있는 그대로의 자신의 가치를 인정하고, 스스로 좋아하는 게 어렵다고 느껴진다면 우선은 비교하는 행동을 그만두는 것부터 시작해도 좋겠지요. 서로의 과거를 비교할 것이 아니라 '지금, 여기'에 있는 상대에게 관심을 기울이면, 초면인 상대에게 던지는 질문이나 대화의 내용도 자연스럽게 달라집니다.

질병도 생산성에만 가치가 있는 것이 아니라는 사실을 깨달을 일종의 기회입니다. 제 친구는 한창 활발히 일할 때 회사에서 받은 건강검진에서 췌장암을 발견했습니다. 조기에 발견한 덕분에 목숨은 건졌지만, 얼마 지나지 않아 회사를 그만두고 지금은 캠핑카를 타고 일본 전국을 여행하고 있습니다.

병을 계기로 인생에서 자신이 진짜로 소중하게 여겨야 할 가치에 대해 깊이 성찰한 것 같습니다. 병을 앓아도 변하지 않는 사람도 있지만, 이를 인생의 가치에 대해 생각해 보는 기회로 활용한다면 그 후의 인생에 새로운 지평이 보일 것입니다.

# 인간은 몇 살이든 달라질 수 있습니다

:

취직하고 불과 한 달 만에 회사를 그만둔 젊은이가 있었습니다. 퇴사한 이유 가운데 하나는 예고 없이 영업을 시켰기 때문이라고 합니다. 상사도 갓 입사한 신입사원이 계약을 따올 거라는 기대는 하지 않았습니다. 하지만 스스로 고학력 엘리트라고 생각하던 그는 인생에서 첫 번째 좌절을 맛봤지요.

그만둔 이유가 그것만은 아니었습니다. 또 다른 이유는 직장 선배와 상사가 '행복해 보이지 않았기 때문'입니다.

인생은 사람마다 다른 고유의 것입니다. 누군가와 비교하거나 누군가를 흉내 내는 것은 의미가 없습니다. 하지만 비슷한 처지에 있는 사람의 모습은 자기 인생을 생각하는 계기, 혹은 이정표가 되기도 합니다. 그들의 모습을 보고 자신의 미래가 보이는 듯한 기분이 들었을지도 모릅니다.

한발 앞서 은퇴한 사람들을 관찰하고, 인생을 즐기고 있는 사람은 어떤 것을 소중히 여기는지, 어떤 인간관계를 맺고 있는지 생각해 보면 깨닫는 바가 있지 않을까요?

주위에서 존경받는 사람이 꼭 현역 시절 회사에서 높은 자리에 올랐던 사람인 건 아닙니다. 거만하게 구는 사람보다 대등한 관계를 추구하는 사람이 말을 걸기 쉬울 뿐만 아니라 주위 사람들도 의지합니다. 반면교사가 아니라 '이런 존재가 되고 싶다'라고 할 만한 롤모델을 찾아서 자신의 미래를 생각할 계기로 삼는 것도 방법 가운데 하나입니다.

머리로는 알지만 좀처럼 생산성을 중시하는 가치관에서 벗어나지 못하겠다면 과감하게 환경을 바꿔 보는 것도 좋을 것 같습니다. 재미있게 읽은 책의 세계나 무대를 여행해 보거나, 시간 여유가 있다면 외국에서 장기 체류를 경험해 보는 것도 좋겠지요. 물론 멀리 가지 않고 근처를 여유롭게 산책하기만 해도 인생을 지금까지와는 다른 시각으로 바라볼 수 있습니다. 여행이나 산책은 실용적인 목적을 위해 하는 일이 아니기 때문입니다.

**인간은 몇 살이든 달라질 수 있습니다. 필요한 건 '달라지겠다'는 결심과 '달라질' 용기를 갖는 것입니다.**

# 성공과 행복의 차이

:

노후의 행복을 바라지 않는 사람은 없습니다. 어떤 생활을 행복한 노후로 그리느냐는 사람마다 다르겠지만, '행복'과 '성공'을 똑같이 생각하는 사람이 있다는 사실이 신경 쓰입니다.

"성공과 행복, 실패와 불행을 동일시하게 된 이래, 인간은 진정한 행복이 무엇인지를 이해하지 못하게 되었다."

미키 기요시는 이렇게 지적합니다. 《인생론 노트》에서 그는 성공과 행복의 차이를 다음과 같이 대비시켜 말합니다.

무릇 성공은 '직선적인 향상'이라고 여겨지지만, 행복에는 본래 '진보라는 것은 없다'는 것입니다. 행복이 '각자의 것', '각자에게 고유한 것'인 데 반해, 성공은 '일반적'이고 '양적으로 생각할 수 있는 것'이라고 말이지요.

일반적이고 양적인 성공은 모방당하거나 추종하는 사람이 나오기도 합니다. 어떤 책이 베스트셀러가 되면 비슷한 제목의 책이 연달아 나오는 것이 좋은 예지요. "저거라면 나도 할 수 있겠다", "나라면 더 잘할 수 있겠다" 싶은 것이 성공입니다. 미키 기요시는 그렇기 때문에 성공은 질투를 사기 쉽고, 질투하는 사람 역시 "행복을 성공과 같은 것으로 보는 경우가 많다"라고 말합니다.

하지만 진정한 행복은 개인 고유의 것이기에 누구도 흉내 낼 수 없습니다. '행복해 보여서 부럽다'라는 건 사실 그 사람의 행복을 보고 있는 것이 아니라 성공에 주목하고 있는 것입니다.

미키 기요시는 성공이 '과정'과 관련된 것인 데 반해, 행복은 '존재'와 관련된 것이라고 말합니다. 여러 과정을 거쳐서 그 골인 지점에 도달하는 것이 성공이고, 성공한 사람은 '되는' 것인 데 반해, 사람은 행복하게 '되는' 것이 아닙니다. 우리는 흔히 "행복해지고 싶다", "행복해졌으면 좋겠다"라는 식으로 말하지만, **존재하는 것, 살아 있는 것 자체가 행복이며 성공과는 상관없이 사람은 이미 행복한 '존재'입니다.**

《인생론 노트》에서 행복에 관해 논하는 장에는 이런 구절도 있습니다.

"행복은 인격이다. 사람이 외투를 벗어 던지는 것처럼 언제든지 홀가분하게 다른 행복을 벗어 던질 수 있는 자가 가장 행복한 사람이다. 하지만 진정한 행복은, 벗어 던질 수도 없고 버리고 갈 수도 없다. 그의 행복은 그의 생명과 마찬가지로 그 자신과 하나다."

거짓 행복은 벗어 던질 수 있지만, 진정한 행복은 버릴 수 없습니다. 미키 기요시는 진정한 행복을 "무기 삼아 싸우는 자만이 쓰러져도 행복하다"라고 힘주어 말합니다.

# 여기에 존재하는 것만으로 타자공헌이 됩니다

:

모교인 고등학교에서 강연한 적이 있습니다. 주제는 '나의 재능을 어떻게 살리고, 앞으로의 인생을 어떻게 살아야 하는가'였습니다. 저는 재능을 자신을 위해서만 써서는 안 된다고 이야기했습니다.

이 책 서두에서 언급한 것처럼 인간은 혼자 살지 않습니다. 우리는 타자와의 연결 속에서 살고, 사는 기쁨과 행복은 인간관계 속에서만 얻을 수 있습니다. 아무리 재능이 있어도 그것으로 관계 속에서 다른 사람에게 도움을 주지 않으면 사는 기쁨을 얻을 수 없습니다. 즉 진정한 행복이란 '타자공헌'이라는 말입니다.

자기에게 가치가 있다고 생각할 때만 인간관계를 시작할 용기를 낼 수 있다고 지적한 아들러는 "나에게 가치가 있다고 느껴질 때는 내 행동이 공동체에 유익할 때뿐이다"라고도 말했습니다.

누구든 자신의 행동에 대해 다른 사람이 "고맙다", "덕분에 살았다"라고 말하면 기쁘기 마련입니다. 정년퇴직 후에 자신의 가치를 긍정하지 못하는 이유는 자기 행동이 공동체에 유익하다는 확신이 없거나 애초에 공동체에 유익한 일에 뜻을 두지 않기 때문이 아닐까요?

감사 인사를 받는 것을 목적으로 삼고, 그것을 성과로 행동하는 사람은 자신에게만 눈이 향합니다. 다른 사람에게 감사나 좋은 평가를 받느냐 받지 못하느냐와 상관없이 자신이 공헌할 수 있는 것이 무엇일지 생각하고, 다른 사람이나 공동체에 유익한 것이 무엇일지 고민해 보아야 합니다.

여기서 아들러는 "행동이 유익할 때"라고 말하지만, 꼭 행동으로 제한할 필요는 없습니다. **존재하는 것만으로 타자공헌이 되니까요.**

# 세월은 그저 이어지는 게 아닙니다

⋮

자신의 존재와 재능으로 타자를 행복하게 하는 것은 고스란히 자신의 행복으로 이어집니다. 이를 의식해서, 우선은 가장 가까운 공동체부터 행복하게 만들어 보면 어떨까요?

가장 작은 공동체 가운데 하나가 부부입니다. 정년퇴직하면 함께 지내는 시간이 길어집니다. 공헌할 기회도 그만큼 많아진다는 뜻이지요.

하지만 공동체로서의 역사는 길어도 일이나 육아를 하던 시절은 각자 바빠서 차분히 대화하거나 함께 행동할 일은 좀처럼 없었다는 부부가 적지 않습니다. 갑자기 부부 두 사람의 생활이 시작되면, 특히 여성은 좀 곤혹스러워하는 것 같습니다. 한때 텔레비전 광고에서 '남편은 건강해서 집에 없는 게 좋다'[10]라는 대사가 유행하기도 했는데, 이런 목소리는 지금도 여전히 들려옵니다.

　서로 의견이 맞지 않아서 황혼이혼에 이르는 사례도 있습니다. 하지만 이런 부부라고 사이좋게 살 수 없는 건 아닙니다. 약간의 요령과 서로의 노력이 있으면 다시 한번 마음이 통하는 사이가 될 수도 있습니다.

　요령 중 하나는 '지금'을 과거로부터의 연장으로 생각하지 않는 것입니다. 지금까지 두 사람이 어떤 인생을 걸어왔는지는 앞으로 사이좋게 살아가는 데 어떤 영향을 주는 것도 아니고, 문제가 되는 것도 아닙니다. 즉 과거는 과거이고, 미래는 미래일 뿐입니다. **부부로서 오랜 시간 함께 살아왔으니 '이 사람에 대해서는 뭐든 다 안다'라고 생각하지 않아야** 합니다.

　물론 아는 것도 많겠지요. 하지만 부부라고는 해도 엄연한 타인입니다. 과신하지 말고, 자신이 이 사람을 정말로 이해하고 있는지를 끊임없이 자문하는 노력이 필요합니다. '사실은 이해하지 못했을지도 모른다'라는 생각으로 돌아가서 상대와 마주하면, 놀랄 만한 발견을 하게 되거나 그때까지 아무렇지 않게 생각하던 일에 시선이 향하게 됩니다.

---

10 남편이 밖에서 활발하게 일하고 집을 비우는 편이 아내에게는 편하다는 의미로 1986년 유행어 대상 동상을 받기도 했다.

아리스토텔레스는 "철학은 놀라움에서 시작된다"라고 말합니다. '왜 그럴까?'를 생각하는 것이 철학의 출발점입니다.

대인관계도 마찬가지입니다. 사귀기 시작했을 때는 '이 사람은 이런 생각을 하는구나', '이런 식으로 느끼는구나!' 하고 놀라고, 그걸 발견하는 것이 기쁨이기도 했을 테지요. 그렇지만 결혼하고 함께 있는 일이 평범한 일상이 되면, 상대에 대한 관심과 놀라움이 확연히 줄어듭니다. 처음 만났을 때처럼 궁금증 가득한 눈과 마음으로 상대의 행동을 받아들이고, 놀라움을 동반한 기쁨을 되살린다면 황혼의 위기는 피할 수 있습니다.

그러려면 부부의 가면을 벗는 게 중요할 것 같습니다. 남편혹은 아내라는 가면을 벗고, 한 사람의 인간으로서 대하겠다고 결심하는 것이지요.

상대를 '누구 아빠', '누구 엄마'라고 부르지 않는 것부터 시작해 보면 어떨까요? 결혼 전에는 그런 식으로 부르지 않았을 테니까요. 이는 역할의 이름이지 인격이 아닙니다. 호칭을 바꾸는 것만으로도 역할의 가면을 쓰고 있던 때에는 보이지 않았던 다양한 모습이 보이기 시작합니다.

상대의 말과 행동에 대해 '또 시작이네!'라고 생각하지 않는 것도 하나의 방법입니다. 정년 후에 무언가 새로운 것을 시작하려고 할 때, 남성은 '형식'부터 갖추려는 경향이 있습니다. 갑자기 고성능 카메라나 고가의 기타를 사거나 초보자에게는 불필요한 도구까지 갖추려고 하는데, 과감한 투자를 해도 대개는 오래가지 못합니다.

그럴 때 '또 그만두는 거야?', '항상 얼마 못 간다니까?', '또 금세 질렸네'라고 생각하면, 화가 나겠지요. 그럴 때는 이렇게 생각해 보면 어떨까요?

'이 사람은 결단력이 있구나.'

'상황에 맞춰 유연하게 행동할 줄 아는 사람이었네.'

자신에게 맞지 않는다고 생각했을 때 그만둘 수 있는 것은 결단력이 있기 때문입니다. 같은 일을 다른 각도에서 보고, 다른 말로 표현해 보면 그것만으로도 기분도, 보이는 모습도 달라집니다.

# 아들러가 가르쳐 주는 '인생의 의미'

∶

역할의 가면을 벗거나 서로를 보는 각도나 표현을 바꿔 보는 요령도, 애초에 부부는 공동체라는 감각이 없다면 의미가 없습니다. 아들러는 "타자를 사랑해야만 자기중심성에서 해방될 수 있다"라고 말합니다. 타자를 사랑해야 비로소 '공동체 감각'에 도달할 수 있다는 말입니다.

공동체 감각이란 '나'를 주어로 사물이나 사건, 인생을 생각하지 않는 것입니다. '나'를 주어로 생각하면 공동체 안의 타자를 보며 '이 사람은 나에게 무얼 해 줄까?'만 생각하며 서로 대립하게 됩니다. 그 사람이 자신의 기대를 채워 주지 않으면 화를 내거나 상대에게 불만을 쏟아내서 관계를 악화시키게 되지요.

중요한 것은 **내가 아닌 '우리'를 주어로 생각할 수 있느냐**입니다. '우리'를 주어로 생각하고 살 수 있게 되면, '우리를 위해 나는 어떤 공헌을 할 수 있을까'를 생각하게 됩니다.

남편 혹은 아내가 '이랬으면 좋겠다'라고 생각하는 것은 '나'를 주어로 둔 발상입니다. 아무것도 못 하더라도 이렇게 살아서 함께 있을 수 있다는 사실이 '우리'의 행복이며, 그것만으로 서로에게 공헌하는 것이라 생각한다면, 부부 관계는 달라질 겁니다.

아들러 심리학이 제창하는 것은 협력원리로 관철한 '수평적' 인간관계입니다. 수평적인 관계는 한 사람 한 사람이 다르더라도 모두가 공평하고 대등하다는 생각에 입각합니다. 혼자서는 살아갈 수 없고, 행복할 수도 없는 인간은 대등한 타자와 함께 있을 때 비로소 완전할 수 있습니다.

아들러가 말하는 공동체는 부부, 가족, 동료나 지역에 그치지 않고, 모든 인류, 나아가서는 우주 전체까지 확장되는 개념입니다. 하지만 무한하게 펼쳐지는 공동체도 '나와 너'라는 최소의 공동체부터 시작합니다. 노후를 함께 사는 부부는 물론이고, 지금 눈앞에 있는 누군가와의 관계 역시 '우리'로 전환해서 생각해 보는 것이 중요한 이유지요.

세계를 둘러볼 것도 없이 일본만 보더라도 배타적인 언동과

분쟁이 끊이지 않는 것 같습니다. 모든 분쟁의 근본에는 '~와 함께 있다'라는 인간의 본질에서 벗어난 자기 위주의 사고방식이 있습니다.

**"인생의 의미는 공헌, 타자를 향한 관심, 협력이다."**

저는 정년 후의 부부 관계부터 난민 문제에 이르기까지 온갖 인간관계에서 오는 문제를 해결하는 실마리는 아들러의 이 말 안에 담겨 있다고 생각합니다.

제9장

# '나이 듦의 행복'을 다음 세대에 전합시다

# 하루하루를 기분 좋게 살면 어떨까요?

:

행복을 바라며 행복한 삶의 방식과 지침을 찾는다면, 우선 '행복이란 무엇인가'를 생각하는 것부터 시작해야 합니다.

'인생이란 무엇인가?' '인간에게 행복이란 무엇인가?' 이는 고대 그리스 이래로 철학의 중심 주제이며, 영원한 주제이기도 합니다. 그런데 살아 있는 한은 계속해서 마주해야만 하는 이 물음에 답하기란 쉽지 않습니다.

하지만 그렇다고 해서 인간이 행복에 관해 아무것도 모르는 것은 아닙니다. 전혀 모르는 것을 알려고 할 리는 없기 때문이지요.

'나는 지금 불행하다'라고 생각하는 사람도 행복한 순간을 경험한 적이 있기에 불행을 아는 것입니다. 어쩌면 행복을 경

험했어도 그것이 행복이라는 사실을 알아차리지 못하고 있는
지도 모릅니다.

행복은 공기와 같습니다. 평소에 공기가 있음을 의식하지
못하는 것처럼, 우리는 행복하지만 행복하다는 사실을 깨닫지
못합니다.

앞에서 이야기한 것처럼 미키 기요시는 행복은 '존재'와 관
련된다고 말합니다. 사람은 행복해지는 것이 아니라 행복한
것입니다. 행복해진다는 건 이 사실을 깨닫는 것이지요.

미키 기요시는 "행복은 힘이다"라고 말했습니다. 진정한 행
복은 내면에 숨어 있는 게 아니라 새가 지저귀며 노래하는 것
처럼 '스스로 모습을 드러내 다른 사람을 행복하게 한다'는 말
입니다. 다른 사람이 알아차리지 못하는 '속으로 감춘 행복'은
있을 수 없습니다. 혼자서만 행복할 수는 없다는 뜻이지요. 진
짜 행복은 주위를 전염시켜서 다른 사람을 행복하게 하는 힘
을 가지고 있습니다.

행복이 어떤 형태로 밖으로 드러나는지에 관해, 미키 기요
시는 '기분이 좋은 것'을 예로 듭니다. 통통 튀는 듯이 신난 상
태가 아니라 온화하고 기분이 안정된 상태를 말하는 것이겠
지요.

아침부터 저기압에 굳은 표정을 짓는 사람은 자기 자신의

하루를 재미없게 만들고 있을 뿐만 아니라 주위 사람 기분도 망칩니다. 주위 사람들은 살얼음판을 걷듯이 조심스러워지지요. 살다 보면 때로는 안 좋은 일도 있을 겁니다. 하지만 그 일에 마음을 빼앗겨서 언짢은 마음을 드러낸다고 상황이 나아지는 건 아닙니다. 행복한 노년을 바란다면 우선은 일상을 기분 좋게 맞이하고, 편안하게 지내야 합니다.

미키 기요시는 **행복은 '정중'하고 '친절'한 모습으로도 드러난다**고 했습니다. 누군가에게 무언가를 부탁받았을 때 언제나 정중하게 대응하나요? 편지를 쓸 때는 다정한 말을 고르고, 마음을 담아서 문장을 써 내려가나요?

바쁘거나 신경 쓰이는 일이 있거나 짜증이 났을 때는 누구나 건성으로 대처할 수밖에 없습니다. 좀 도와 달라는 아내의 말도 귀찮게 느껴져서 "잠깐만", "나중에" 하게 되고, 그때 태도와 말투는 퉁명스러워지기 마련입니다. 급한 일이 있거나 아주 피곤한 상태가 아니라면, 자신의 시간을 조금 나눠 준다는 마음으로 상대가 요구하는 일에 정중하게 응하려고 노력해 봐도 괜찮지 않을까요?

다른 사람이 도움을 요청했을 때, 가능한 한 힘이 되어 주는 것은 '친절'로도 이어집니다. 물론 모든 요구에 응할 수 있는 건 아니지만, 힘이 되려는 마음, 힘이 되어 주고자 하는 노력이 중요합니다. 누군가의 힘이 됨으로써 느끼는 행복은 도움을 받은 사람에게도 전해집니다.

　여기서 중요한 것은 '도움을 요구받았을 때'라는 조건입니다. 다른 사람이 도움이 필요할 거 같다고 느꼈을 때 "뭐 도와드릴까요?", "제가 할 수 있는 일이 있으면 말씀해 주세요" 하고 말을 거는 것은 친절이지만, '분명 이런 걸 원할 거야'라고 멋대로 판단하고 행동하면 상대에게 불편함을 줄 수 있습니다.

# 타인의 과제에 멋대로 개입하지 마세요

:

겉으로 드러나는 행복의 증거로 미키 기요시가 마지막으로 제시하는 것은 **'관대함'**입니다. 이는 자신과는 다른 생각이나 가치관을 가진 사람을 받아들이는 것입니다.

부모 자식 사이, 혹은 아무리 친한 사이라도 서로 받아들일 수 없는 생각을 할 때도 있습니다. 그런 생각이 확연하게 드러났을 때 어떻게 대응할 것인가를 우리는 끊임없이 고민해 보아야 합니다.

관대하다는 말의 의미가 반드시 다른 의견에 찬성한다는 뜻은 아닙니다. "그건 아니다", "당신은 틀렸다"라고 부정하는 것도, 자기 생각을 굽혀 "당신 말이 맞다"라고 동조하는 것도 아닌, 다른 사람의 생각을 이해하는 것이 관대함입니다. 적어도 이해하려고 노력하고, 서로의 다름은 다름으로 받아들이는 것이 중요합니다.

그런데 실제로 이렇게 하기란 여간 어려운 일이 아닙니다. 누군가에게 관대하게 대하는 일은 기분 좋게 대하거나 정중하고 친절하게 대하는 것 이상으로 어려운 일입니다.

관대하기가 어려운 이유 가운데 하나는 '과제 분리'가 되어 있지 않기 때문입니다. 예를 들어 자녀나 손주가 이해 못할 진로를 선택하려는 것처럼 보일 때 우리는 어떻게 반응할까요? 그들의 장래를 염려해서 하는 말이라 하더라도 "그만 둬라", "세상이 그렇게 만만한 줄 아니?"라고 설교를 늘어놓으면, 그 말이 설령 맞는 말이라고 해도, 아니 맞는 말이기에 더욱 받아들이지 못합니다. 이는 상대의 과제에 멋대로 개입하는 태도이자 매너 없는 대응 방식입니다.

대인관계의 문제는 타자의 과제에 멋대로 개입하거나 혹은 개입당하는 데서 발생합니다. 물론 자기 생각을 말해도 됩니다. 때로는 꼭 말해야만 할 때도 있지요. 하지만 먼저 "내 생각을 말해도 될까?"를 물어야 하고, 자신의 생각을 말해도 받아들일지 말지는 상대의 자유입니다.

관대하다는 것은, 진로 선택의 예로 말하자면, 자녀나 손주의 선택을 받아들이고, 그들의 앞날을 지켜보겠다고 결심하는 것입니다. 그들에게는 자기 과제를 스스로 결정할 힘이 있다고 믿는 것이지요.

가족뿐만 아니라 **타자와 신뢰 관계를 쌓고 싶다면 나부터 상대를 신뢰하는 것이 중요**합니다. 그러려면 용기가 필요합니다. 사람들은 배신당할지도 모른다는 의심으로 신뢰하기를 두려워합니다. 하지만 배신당할까 봐 두려워서 신뢰하지 않으면 깊은 관계를 구축할 수 없습니다.

정중한 대응이나 친절도 마찬가지입니다. "상대가 친절하게 대해 주면 나도 친절하게 하겠다"가 아니라, 내가 먼저 친절하게 대해야 합니다. '기브 앤드 테이크(give-and-take)'나 다른 사람이 줄 것을 기대해서 주는 것이 아니라 상대에게서 아무것도 돌아오지 않아도 그냥 주는 것입니다.

"우리는 우리가 사랑하는 자에게 자신이 행복한 것 이상으로 좋은 일을 할 수 있겠는가?"

앞에서 언급한 것처럼 인간의 행복에 관해 논한 문장에서 미키 기요시는 이렇게 말했습니다. 자신이 행복한 것이 가장 큰 타자공헌이라는 뜻입니다.

나이가 들수록 일상을 더 기분 좋고 정중하게 살면서 친절하고 행복한 모습을 보여 주면 함께 있는 가족도 행복합니다. 관대한 마음을 잃지 않으면 손주가 먼저 대화하자며 찾아올지도 모르지요.

주위에서 '저 어르신한테 상담을 받아 볼까?' 하고 생각할 만한 할아버지, 할머니가 되는 것은 행복한 노후의 모습이 아닐까요?

아이는 어른이 '하는 말'이 아니라 어른이 '하는 행동'을 보고 배웁니다. 가족이나 자신보다 젊은 사람이 자신의 모습이나 삶의 방식을 보고 '그렇구나, 저렇게 살면 행복하구나', '저렇게 나이를 먹는다면, 나이 드는 것도 나쁘지 않겠네'라고 생각할 만한 롤모델이 되면 어떨까요?

미키 기요시가 쓴 것처럼 "저절로 겉으로 드러나 다른 사람을 행복하게 하는 것이 진정한 행복"입니다.

# 이견이 있어도 한 번 더 생각해 보세요

:

앞에서 불쾌한 사람에 대해 살펴봤는데, 자신의 불만을 토로하거나 언짢은 태도를 취하는 사람에게는 목적이 있습니다. 다른 사람에게 주목받는 것입니다.

그런 사람이 옆에 있을 때는 그의 불쾌함에 주목해서는 안 됩니다. 그럴 때는 그냥 내버려두는 수밖에 없습니다. 계속해서 기분이 안 좋을 수는 없으니, 기분이 좋을 때 말을 걸어 보면 어떨까요? 주위 사람들이 자신의 언짢은 기분을 신경 쓰지 않는다는 사실을 알면 저기압으로 있는 것이 무의미하다는 사실을 배울 테니까요.

가족이든 친구이든 오랫동안 함께 지내다 보면, '말하지 않아도 알아 줄 것'을 기대하는 마음이 생기게 마련입니다.

'촌탁'[11]이라는 말이 유행어 대상을 탄 적이 있는데, 일본에서는 배려나 마음 씀 등 언어 외의 메시지를 헤아려서 움직이는 것을 미덕으로 여기는 문화가 있습니다. 물론 상대를 배려하는 마음은 중요하지만, 말하지 않아도 통할 거라는 생각은 망상에 가깝습니다.

배려나 마음 씀씀이가 문제가 되는 이유는 그것을 자신에게 부과하는 사람은 상대에게도 요구하기 때문입니다. 즉 말로 전달하지 않아도 자기 기분이 가라앉아 있으면 이를 알아차리고, 자신을 배려해 주어야 한다고 생각하는 것이지요.

불만이 있으면 말로 전달하는 수밖에 없습니다. 언짢아하고 있으면 언짢다는 사실은 전해질지 모르지만, 무엇을 불만스럽게 생각하는지는 전달되지 않습니다.

세상에는 다양한 사람이 있습니다. 생각하는 방식이나 느끼는 방식도 저마다 다릅니다. 가족이라 하더라도 **서로의 생각이나 느낌은 말로 전하지 않으면 알 수 없다**는 사실을 알아야 합니다.

자신의 정서나 가치관, 사고방식은 유일하고 절대적인 것이 아닙니다. 다양한 사고방식을 가진 사람이 있다는 전제를 바탕으로 타인과 마주하는 것은, 다양성을 받아들인다는 의미에

11 忖度. 남의 마음을 미루어 헤아린다는 뜻.

서 '관대함'으로 이어집니다. 그런데 세상을 둘러보면 행복의 표현인 관대함이 빠른 속도로 사라지고 있는 것 같습니다. 매일 뉴스로 전해지는 정치적, 종교적 불화와 분쟁의 근저에는 다양성을 부정하는 태도가 있습니다.

이견이나 반론이 있을 때 무엇이 옳은지를 계속 생각하기란 쉬운 일이 아닙니다. 큰 소리로 외치는 안이한 세계관이나 가짜 뉴스를 그대로 받아들이고, 배타적인 태도를 취하는 이유는 그게 편하기 때문입니다. 스스로 생각하지 않아도 되기 때문이지요.

어떤 일에 관해 깊이 생각하지 않고 문제를 해결하려고 하면, 필연적으로 '힘'에 의존하게 됩니다. 그 극단적인 형태가 전쟁입니다. 탄압, 폭력, 증오 발언과 같은 언어폭력도 있습니다. 일상생활에서 큰소리로 호통치거나 보란 듯이 언짢은 태도를 취하는 것도 시위나 다름없습니다.

힘에 호소하는 방법은 즉효성은 있을지 몰라도 유효성은 없습니다. 게임에 빠져서 숙제하지 않는 아이에게 부모가 큰 소리로 야단치면, 부모 눈에 문제라고 여겨지는 행동을 당장 멈추게 하는 것은 가능할 것입니다.

하지만 아이가 두 번 다시 같은 행동을 하지 않느냐 하면 절대 그렇지 않습니다. 같은 일이 되풀이된다면 '야단친다'라고 하는 힘에 호소하는 방법은 유효하지 않다는 뜻입니다.

압력을 가하면 가할수록 상대는 반발합니다. 그것이 문제를 더욱 크게 만드는 결과가 된다는 사실은 오늘날의 국제 문제를 봐도 분명합니다.

힘에 호소한다 한들 문제를 근본적으로 해결할 수는 없습니다. 대인관계에서 우리가 할 수 있는 일은 **상대를 존중하고 다양성을 받아들여 부단히 대화를 이어가는 일**입니다.

상대가 어떤 태도로 대화에 임한다고 해도 변함없이 정중하게 대응하는 것이 중요합니다. 상대가 고함을 치더라도 평소처럼 대하고, 울음을 터트리더라도 동요하지 않아야 합니다. 울거나 고함을 치는 것 역시 시위와 다름없습니다.

자녀가 울기 시작하면 부모는 냉정을 유지하기 어렵지만, 적당하게 거리가 있는 조부모라면 가능하겠지요. 부모에게는 마음을 닫는 일이 있어도 자기 이야기를 들어 주는 조부모가 있으면 아이는 구원받습니다.

하지만 그런 '적당한 거리'를 취하는 일은 쉽지 않습니다. '내 말을 진지하게 들어 준다'라고 느끼지 않으면 아이는 이야기하려 하지 않겠지요. 이는 모든 대인관계에 해당하는 이야기입니다.

우리는 어떤 때 상대가 '내 말을 진지하게 들어 줬다'라고 느낄까요? 하나는 '내 말을 중간에 끊지 않는다'라는 사실을 알았을 때입니다.

아직 이야기가 끝나지도 않았는데 "대충 알겠다", "나도 그랬어", "내가 젊었을 때는 말이지" 하며 자기 이야기를 시작하는 사람이 적지 않습니다. 멋대로 자기 해석을 덧붙이거나 상상으로 행간을 메우며 아는 척을 한다면 상대방의 이야기를 듣지 않는 것이나 마찬가지입니다.

또 하나는 '이 사람은 절대 비판하지 않는다'라는 사실을 알았을 때입니다. 이야기를 들어 주기를 바라는 사람은 의견이나 비판을 원하는 게 아닙니다. 상대가 재치 있는 논평이나 조언을 바란다고 착각하는 사람도 있지만, 상대는 자신이 하는 말이나 기분을 그대로 받아들여 주기를 바랄 뿐이지요.

# 미움받는 것을 두려워하지 마세요

:

있는 그대로 받아들인다는 것은 상대를 대등한 존재로 본다는 뜻입니다. 대등한 관계라면 야단칠 일도, 응석을 받아 줄 일도 없겠지요.

부모가 아이를 야단치는 것은 아이를 대등하게 보지 않기 때문입니다. 아이를 야단치는 부모는 동시에 아이를 지나치게 감싸기도 합니다. 아이에게 미움받을까 봐 두려워하는 마음이 있기 때문이지요.

2013년에 출판한 《미움받을 용기》는 제목 탓에 오해를 받기도 하지만, 미움받아도 괜찮다거나 미움을 받으라는 뜻이 아닙니다. 제가 전하고자 했던 메시지는 '미움받는 것을 두려워해서는 안 된다'는 것입니다.

'손주는 눈에 넣어도 아프지 않다'고들 하는데, 귀여운 나머지 애지중지하기 쉽습니다. 귀엽고 예쁘니까 손주에게 미움받고 싶지 않다는 마음이 발동하는 것이겠지요. 하지만 설령 미움받게 되더라도 해야 하는 것도 있습니다. 상대가 누구든 필요한 상황에서는 "그건 아닌 것 같다"라고 지적할 용기를 가졌으면 좋겠습니다.

다만, 미움받더라도 해야 할 말은 해야 한다고 해서 갑자기 강하게 나가면 가정에서 금세 고립될 수밖에 없습니다. 해야 할 말을 하기 전에 먼저 "내 생각을 말해도 될까?" 하고 운부터 떼야 합니다.

저는 아이들도 미움받을 용기를 냈으면 합니다. **부모나 조부모에게 미움받는 것을 두려워하지 않을 용기**입니다.

부모나 조부모는 자신들이 자녀나 손주에게 위압적인 태도를 취해서 하고 싶은 말을 못 하게 하고 있지는 않은지 항상 주의를 기울여야 합니다.

미움받는 것을 두려워하지 않는 것 외에 또 한 가지 중요한 것이 있습니다. 그것은 영향을 미치려고 하지 않는 일입니다.

자녀나 손주를 대할 때 속으로 '이랬으면 좋겠다', '이런 사람으로 자랐으면 좋겠다' 하는 마음을 품고 대해서는 안 됩니다. 어떻게 살 것인가, 어떤 사람이 될 것인가는 본인이 결정할 일이며 본인의 과제입니다.

애초에 사람이 사람을 키울 수는 없습니다. 할 수 있는 것은 자녀나 손주가 자라는 것을 돕거나, 자녀가 잘 자라도록 환경을 마련해 주는 일입니다.

예를 들어 책을 읽는 아이가 되었으면 하는 바람에서 책을 잔뜩 사 준다고 해도 아이가 책을 읽는다는 보장은 없습니다. 집 책장에 책이 빽빽하게 꽂혀 있으면 흥미를 느끼고 읽는 아이도 있을지 모르지만, 읽지 않는 아이도 있을 겁니다.

제 아버지는 책을 그다지 읽지 않는 편이었고, 집에 책장도 하나밖에 없었습니다. 그나마 대부분 비즈니스 책이었는데, 그 가운데 한 권이 제 흥미를 끌었습니다. 문예평론가이자 혈액학 박사이기도 한 가토 슈이치(加藤周一)의 《독서술(讀書術)》이라는 책이었습니다.

중학생이었던 저는 이 책을 반복해서 읽었습니다. 그 후 저자가 자신의 반생을 회고한 《양의 노래(상)(하)》를 읽고 학문에 대한 동경을 품게 되었습니다. 그때 아버지 책장에서 《독서술》을 만나지 않았더라면 저는 지금과는 다른 인생을 살았을지도 모릅니다.

아버지가 산 책이지만, 아버지는 읽지 않으셨던 것 같습니다. 하물며 제가 읽게 해서 어떤 영향을 주려는 생각 따위는 눈곱만큼도 없었을 게 분명합니다. 그럼에도 이렇게 '어쩌다' 아이에게 영향을 주는 일도 있습니다.

# 다람쥐처럼 '숲'을 키웁시다

:

홋카이도에 갔을 때의 일입니다. 아침에 산책하고 있었는데 나무 아래서 무언가가 움직이는 느낌이 들었습니다. 자세히 보니 다람쥐였습니다.

다람쥐는 먹이인 도토리를 발견하면, 구멍을 파고 여기저기 에 묻는 습성이 있습니다. 하지만 다람쥐는 자신이 도토리를 묻은 장소는 물론 묻었다는 사실조차 잊어버립니다. 다람쥐가 사는 곳에 숲이 생기는 이유는 이 때문입니다. 잊힌 도토리에 서 싹이 나고, 자라서 숲이 생기는 것이지요.

다람쥐가 잊어버린 도토리로 숲이 생기는 것처럼, 혹은 아 버지의 책장에 잠들어 있던 책이 저를 학문의 길로 이끈 것처 럼, 의도하지 않았어도 누군가에게 도움이 되고, 커다란 숲을 키울 수 있습니다.

저도 제가 쓴 문장이지만 어디에 쓴 것인지 잊어버리기도 하는데, 쓴 저는 잊어버려도 그걸 읽은 누군가의 마음을 가볍게 하는 일에 공헌하고 있을지도 모르겠습니다. 치매에 걸려 자신이 한 일이나 말을 잊는다고 해도 그걸 보거나 들은 자녀나 손주에게는 좋은 추억이나 인생의 자양분이 되는 일도 있겠지요.

잊어버려도 괜찮습니다. **'지금, 여기'를 충실하게 사는 것이 풍요로운 숲을 만들고, 다음 세대의 자양분이 되는 도토리를 여물게 합니다.** 그렇게 생각하면 과거를 돌아보며 후회하거나 미래를 생각하며 불안해할 필요가 없어집니다.

참고로 다람쥐의 망각으로 탄생하는 것은 '숲'입니다. 신이 머무는 곳도 숲이지, '밭'이 아닙니다. 밭은 인공적으로 만들어진 것이기 때문입니다.

인간은 혼자서 자라는 숲이며 부모의 기대나 계획대로 만들어지는 밭이 아닙니다. 부모나 조부모가 할 수 있는 최선은 아이라는 숲이 자라는 것을 방해하지 않는 것입니다.

# 모르는 것을 솔직히 인정할 용기

:

나이를 먹는다고 해서 훌륭한 인간이 되는 것도 아니고, 존경받는 노인이 되는 것도 아닙니다. 그렇게 되려면 부단한 노력이 필요합니다. 나이를 먹으면서 그만큼 다양한 것을 배워야하고, 책을 읽고 생각을 계속하지 않으면 인간으로서의 성장을 기대할 수 없습니다.

못 하게 되는 일이 많아졌다 하더라도 책을 읽을 수만 있다면 행복할 것 같습니다. 그렇게 나이를 먹고, 지식과 경험을 쌓아서 다양한 의미에서 롤모델이 될 수 있도록 성장을 거듭해야 합니다.

그 과정에서 마음에 두어야 할 것은 **완벽해야 한다고 생각하지 않는 것**입니다. 젊은이가 연장자의 이야기를 듣지 않는 이유는 연장자가 "그런 것도 모르나?", "나이를 먹으면 언젠가는 알게 된다"라는 식의 말투로 모든 것에 아는 척을 하기 때문입니다. 아무리 나이를 먹어도 모르는 것은 모른다고 솔직하게 인정할 용기가 필요합니다.

독일 철학자 칼 야스퍼스는 "인간은 길 위에 있는 존재"라고 말합니다(《철학입문》). 어른이 이를 먼저 자각하고, 젊은이의 물음에 대해 "그건 나도 모른다"라고 말할 용기를 냈으면 좋겠습니다. 반대로 연장자에게도 모르는 것이 있다는 사실을 젊은이가 아는 것 역시 중요하겠지요.

이해하지 못하는 것이나 모르는 것이 있다는 건 부끄러운 게 아닙니다. 서로 대등한 관계로 여기며 함께 생각하려는 자세를 보인다면, 나이나 입장을 넘어서서 많은 깨달음을 얻을 수 있을 겁니다.

# 젊은 사람이 자신을 뛰어넘는 것을 기뻐합시다

:

애니메이션 제작을 계기로 요시노 겐자부로(吉野源三郎)의《그대들, 어떻게 살 것인가》가 다시금 주목받았습니다. 제2차 세계대전이 일어나기 전에 쓰인 이 책이 요즘 시대에 베스트셀러가 된 이유 가운데 하나는 제목 때문이라고 생각합니다. 이렇게 살아야 한다는 훈수도, 이렇게 살았으면 한다는 기대도 아닌 "어떻게 살 것인가?" 하는 물음으로 독자에게 스스로 생각할 것을 촉구하고 있으니까요.

삶의 방식은 사람마다 다릅니다. 앞서간 사람들의 뜻을 따를 필요는 없습니다. 더 말하자면, 앞서간 사람보다 이상주의에 불타는 젊은이들이 오히려 인생의 올바른 모습을 보인다고 할 수 있습니다.

묘하게 똑똑해져서 인생을 체념한 어른은 일찍이 자신이 어른에게 듣고 진절머리 쳤던 말로 젊은이에게 설교를 늘어놓습니다. "꿈은 현실에 의해 깨진다", "이상적으로 살려는 건 의미가 없다" 같은 말이지요. 그런 어른이 되어서는 안 됩니다.

《미움받을 용기》는 젊은이들과 2년에 걸친 대화를 통해 탄생했습니다. 이 책은 그들의 뛰어난 지성과 감성을 존중하고 자유롭게 나눈 의논의 결정체인데, 젊은이들과의 대화는 저에게 자극적이고 귀중한 시간이 되었습니다.

**후진에게 힘이 되어 주는 일은 연장자에게 부과된 임무 가운데 하나입니다.** 개중에는 젊은이가 자신을 뛰어넘는 게 싫어서 방해하거나 협조를 거부하는 사람도 있습니다. 하지만 일에서든 연구 활동이나 교육 현장에서든 후배나 학생이 자신을 뛰어넘지 못한다면 그 시도는 실패했다고 해도 과언이 아닙니다.

제가 일찍이 3년에 걸쳐서 간신히 원어로 읽을 수 있게 된 플라톤의 《소크라테스의 변명》을, 제가 가르친 학생은 반년 남짓한 기간에 읽을 수 있게 되었습니다. 봄에 알파벳부터 배우기 시작한 그는 여름방학 기간에 많은 과제를 소화하더니, 금세 실력을 키웠습니다.

그것은 그 학생의 노력 덕분이며, 그의 성과를 도울 수 있었던 것은 저에게 큰 기쁨이었습니다. 젊은이가 '나'를 뛰어넘는 일에 공헌하는 것은 행복한 일입니다.

# 철학은 50세부터

:

아무리 나이를 먹고, 연구를 계속해도 여전히 모르는 것이 있다는 사실을 알고, 자신과 계속해서 진지하게 마주하며 생각하기를 멈추지 않는 것이 '철학을 한다'는 것입니다.

플라톤은 **"철학은 50세부터"**라고 말합니다. '나이를 이렇게 먹었는데, 이제 와서 철학을 배운다니 말도 안 된다'라고 생각하는 사람도 있을지 모릅니다.

하지만 나이가 들었다고 해서 지적 능력이 쇠퇴하는 것은 아니고, 철학을 하는 데는 오히려 오래 살면서 몸에 익혀 온 지혜와 경험이 도움이 됩니다. 제가 심근경색으로 쓰러진 때가 50세였으니, '이제 슬슬 철학을 배울 수 있겠구나' 하던 차에 그 길이 끊어지는 것 같아서 안타까운 마음이었습니다.

철학은 '지혜를 사랑한다'라는 의미입니다. 철학자는 '지혜로운 사람(知者)'이 아니라 '지혜를 사랑하는 사람(愛知者)'입니다. 앞으로의 삶의 방식이나 행복을 생각한다면 부디 철학 책 읽기를 권합니다.

세상 사람들이 흔히 생각하는 것만큼 어렵지 않습니다. 처음 읽는 분께는 그리스철학의 고전을 추천합니다. 애초에 철학은 말과 개념이 그리스에서 왔습니다. 철학은 영어로 '필로소피(philosophy)'라고 하는데, 이것은 그리스어의 '필로소피아(philosophia)'를 번역하지 않고 그대로 도입한 단어입니다.

우리는 지금 철학이라고 하지만, 원래는 '희철학(希哲學)'이라고 번역했습니다. 이는 '철(哲, 밝을 철)'을 희구하는 학문이라는 의미로, 막부 말 메이지유신 무렵에 활약한 학자인 니시아마네(西周)가 번역했습니다. 그가 원어의 의미를 멋지게 일본어로 옮겨 놓았는데, 언제부턴가 중요한 '희(希, 바랄 희)'가 생략되는 바람에 뜻을 알 수 없게 되고 말았습니다. 철학을 배우기 위해 필요한 것은 지혜를 사랑하는 것, 질리지 않는 탐구심입니다.

수많은 그리스철학의 명저 가운데서 첫 번째 책으로 걸맞은 것은 역시 플라톤의 저작입니다. 현대철학에서는 논의가 혼란스러워지지 않도록 단어의 정의부터 시작하는데, 플라톤은 다

룹니다. 플라톤의 저작에서는 정의를 구하는 것 자체를 목적으로 대화가 펼쳐집니다.

예를 들어 '용기란 무엇인가'라는 주제로 등장인물이 문답을 전개합니다. 하지만 많은 경우 해답에는 이르지 못합니다. 결론은 나오지 않지만, 그 과정에서 어떤 일을 대할 때 어떤 식으로 생각해 나가면 좋을지 보이기 시작합니다.

해답만 알고 싶은 사람에게는 답답하게 느껴지겠지요. 젊은 시절이었다면 귀찮다는 생각에 던져 버렸을지도 모릅니다. 하지만 나이가 들고 경험이 쌓여, 시간에 여유가 생긴다면 차분히 몰두하며 대화 과정을 해독해 가는 기쁨을 느낄 수 있을 겁니다.

플라톤은 많은 저작을 남겼는데, 그중에서도 먼저 읽었으면 하는 작품은 《소크라테스의 변명》입니다. 짧기 때문에 부담 없이 읽을 수 있을 겁니다.

이는 플라톤의 다른 많은 작품처럼 대화 형식은 아니지만, 삶의 방식을 배운다는 의미에서 중요한 책입니다. 《소크라테스의 변명》은 사형 판결을 받은 소크라테스가 법정에서 전개하는 연설을 플라톤이 엮은 것입니다. 그의 모습을 보며 어떻게 살아야 하는가를 생각해 볼 수 있습니다.

여기에 묘사된 소크라테스는 70세였지만, 놀라울 정도로 정정한 모습입니다. 그는 아이를 셋 두었는데, 그중 1명은 아직 젖먹이였습니다. 술도 상당히 강해서, 젊은이들과 함께 밤새 술을 마시고, 다른 사람은 만취해 쓰러져도 그만은 멀쩡했다고 합니다. 사형당하지 않았더라면 100세까지 살았을지도 모릅니다.

소크라테스의 외모는 볼품없었다고 전해집니다. 하지만 본인은 그 사실에 전혀 개의치 않았습니다. 《향연》에 등장하는 미청년 알키비아데스는 겉모습이 자신과 정반대인 소크라테스를 찬미합니다. 알키비아데스뿐만 아니라 주위 사람들은 모두 소크라테스 내면의 아름다움을 보았던 것이겠지요.

## '지금, 여기'에 있는 행복을
## 젊은이들에게 전합시다

:

플라톤 중기의 대화편 《향연》과 《파이드로스》도 추천합니다. 둘 다 사랑을 주제로 한 작품입니다. 연애는 젊은이만의 특권이 아닙니다. 지금이야말로 사랑에 대해 진지하게 배워야만 합니다. 《향연》에는 여러 가지 번역본이 있지만, 철학자이자 소설가인 모리 신이치(森進一) 선생의 번역은 뛰어날 뿐만 아니라 표현도 아름답습니다.

저는 학창 시절에 모리 신이치 선생이 주관하는 독서회에 참가했는데, 선생은 독서회 참가자에게 회비를 받지 않으셨습니다.

아버지에게 "그리스어를 배우게 되었다"라고 했더니 "한 달에 얼마냐"라고 물으셨습니다. "물어보지는 않았지만 아마 안

받으시는 것 같다"라고 답했더니 세상이 그렇게 만만한 줄 아느냐며 당장 전화해서 물어보라고 꾸짖으시더군요.

아버지의 말을 듣기 전에도 대가를 바라지 않고 그저 주기만 하는 사람이 이 세상에 있다는 사실에는 저도 의문과 놀라움이 있었기에, 어떻게 된 일인지 혼란스러워서 전화해 물었더니 선생은 다음과 같이 말했습니다.

"나중에 만약 누가 그리스어를 배우고 싶다고 하면, 그때는 자네가 가르쳐 주면 되지 않겠나?"

스승에게 받은 것을 스승에게 돌려줄 일은 없습니다. 마찬가지로 부모에게 받은 것을 자녀는 부모에게 돌려줄 수 없습니다. **지금까지의 인생 속에서 많은 사람에게 받아 온 것을 우리는 자식에게, 다음 세대를 짊어질 젊은이들에게, 혹은 사회에 돌려주는 수밖에 없는 것**이지요.

경험한 것, 배운 것 그리고 '지금, 여기'에 있는 행복을 어떤 형태로든 건네주고, 전해 주는 것이야말로 나이 든 자의 사명이자 나이 먹는 행복이 아닐까요?

당신은 앞으로 무엇을 전하게 될까요? 그 가운데 '나이 들어간다는 것의 행복'은 꼭 전달했으면 하는 바람입니다.

## 맺음말

다른 사람이 늙는 것을 보면 늙는다는 게 어떤 것인지 어느 정도 짐작하게 되지만, 겨울의 추운 날에 여름의 더위를, 여름의 더운 날에 겨울의 추위를 실감하기 어려운 것처럼, 자신이 늙음 가운데 들어가지 않으면 이해하지 못하는 부분이 있는 것도 사실입니다.

　그렇다면 젊어서부터 나이 드는 것을 두려워할 필요도 없고, 노년에 들어선 사람도 앞으로 괴로운 일만 기다리고 있을 거라 생각할 필요는 없습니다. 나이 드는 것을 피할 수는 없지만, 앞으로 무슨 일이 일어날지는 알 수 없으니 주어진 노년을 어떻게 활용할 것인가만을 생각하면 됩니다.

본문에서도 이야기했지만, 정신과 의사 가미야 미에코(神谷美惠子)는 일기에 다음과 같이 썼습니다. 당시 가미야 미에코는 《삶의 보람에 대하여》라는 책을 집필하고 있었습니다. '어디든 한 치만 자르면 내 피가 뿜어져 나오는 듯한 글'을 쓰고 싶다고 스스로 말하듯이, 이 책은 그녀 자신의 경험에 바탕한 작품입니다.

"과거의 경험도 공부도 모두 살려서 통일할 수 있다니 이 얼마나 감동인가. 매일 그걸 생각하고, 생각할 때마다 깊은 기쁨이 가득 차오른다."

자신이 몰두하고 있는 일에 대한 생각을 쓴 것인데, 저는 이말이 나이 든다는 것의 의미를 적확하게 표현하고 있다고 생각합니다.

나이를 먹고, 그때까지의 인생에서 경험한 것을 '모두 살려서 통일'할 수 있다는 것은 기쁨입니다. 지금까지의 모든 경험을 원천 삼아, 점점 성장할 수 있기 때문입니다.

여기서 가미야 미에코는 "과거의 경험도 공부도 모두 살려서"라고 썼는데, 과거의 경험 안에는 괴로운 일도 포함되어 있습니다.

가미야 미에코는 젊은 날 연인을 잃었습니다. 연인의 죽음에 깊은 상처를 받은 그녀는 삶의 의욕을 잃었지만, 이 경험을 계기로 나병 환자 치료에 전념하며 몇 년에 걸쳐《삶의 보람에 대하여》를 썼습니다.

《삶의 보람에 대하여》에는 '장래를 함께하기로 한 청년을 잃은 딸의 수기'가 인용되어 있는데, 이 수기는 가미야 미에코의 이야기입니다.

"이제 절대로, 절대로, 나의 인생이 다시 원래대로는 돌아가지 않을 것이다. 아, 앞으로 나는 어떤 식으로 무얼 위해 살면 좋단 말인가."

하지만 그녀는 언제까지나 절망에 빠져 있지는 않았습니다.

"슬픔을 지렛대 삼아 비약할 것. 슬픔과 고통 속에 빠지지 마라. 그것을 통해 맑아지고, 단련하고, 상냥해져라."

[《가미야 미에코 성스러운 목소리(神谷美恵子 聖なる声)》]

오래 살다 보면 괴로운 일이나 슬픈 일도 많이 경험하는데, 그런 경험도 살리며 살아갈 용기를 가미야 미에코는 가르쳐 줍니다.

학창 시절 라틴어 교과서에 "누구도 죽기 전에는 행복하지 않다"라는 내용의 문장이 있었습니다. 이 라틴어 문장을 일본어로 번역하자 선생님이 이게 무슨 뜻인지 알겠냐고 물었는데, 저는 말문이 막히고 말았습니다.

갈피를 잡지 못한 저의 대답을 들은 교수님은 슬픈 듯한 표정으로 고개를 저으며 이렇게 말했습니다.

"사람이 오래 살다 보면 가장 사랑하는 사람과도 언젠가는 헤어져야 한다는 사실을 알게 된다는 뜻이지."

그 후 아직 젊었던 어머니를 잃으며 선생님 말씀의 의미를 차고 넘칠 만큼 알게 되었습니다.

그 수업에서 제가 번역한 "누구도 죽기 전에는 행복하지 않다"라는 라틴어 문장에 출처가 있다는 사실을 나중에 알게 되었습니다. 고대 그리스의 정치가였던 솔론이 다음과 같이 말한 것입니다.

"긴 인생 속에서 우리는 보고 싶지 않은 것도 무수히 보고, 만나고 싶지 않은 일과도 만나게 된다."

"인간은 살아 있는 한 누구도 행복하지 않다."

저는 솔론의 이 말이 틀렸다고 생각합니다.

고대 그리스인에게는 태어나지 않는 것이 모든 걸 뛰어넘는 행복이며, 태어난 이상 가능한 한 빨리 죽는 것이 그다음 행복이었습니다.

오래 살며 나이를 먹고 늙으면 솔론이 말하는 것처럼 '만나고 싶지 않은 일'을 경험하게 되지만, 만나고 싶지 않은 일을 만나게 된다고 해서 불행해지는 것은 아닙니다. 노화와 함께 몸이 쇠퇴한다고 해서 불행해지는 것도 아니지요.

본문에서 언급한 것처럼, 미키 기요시는 성공은 과정이며 행복은 존재라고 말합니다. 행복이 존재라는 것은 사람은 행복해지는 것이 아니라 이미 행복한 '존재'라는 말입니다.

즉 솔론이 하는 말과는 달리 사람은 살아 있는 한 행복하지 않은 게 아니라, 지금 여기에서 행복한 존재입니다.

이 사실은 인간의 가치란 '존재'하는 것에 있으며 무언가를 달성하는 것에 있지 않음을 보여 주기도 합니다. 나이가 들면서 젊은 시절에 할 수 있었던 것을 하지 못하게 되었다 하더라도 그 사실과 인간의 가치는 아무런 관계가 없습니다.

저 역시 젊을 때는 무언가를 할 수 있다는 것에서 저의 가치를 찾았지만, 나이 든 지금은 그런 것에 가치가 있다고 생각하지 않게 되었습니다. 신체의 노화와 쇠퇴는 피할 수 없어도 살아 있는 일 자체에 가치가 있다고 생각하는 사람은 노년을 꺼릴 이유가 없겠지요.

나이를 먹으면 인생이 앞으로 길게 이어지기를 기대할 수 없습니다. 인생을 미루지 않고, 지금 하고 싶은 일과 할 수 있는 일을 당장 하기로 마음먹고, 그렇게 함으로써 지금 여기를 사는 기쁨을 느끼는 것 역시 나이 듦의 특권이라고 할 수 있습니다.

그렇지만 앞으로 자신을 기다리고 있는 것에 불안을 느끼는 이도 많을 겁니다. 제가 항상 기억하는 것은 생텍쥐페리의 《인간의 대지》에 나오는 이 문장입니다.

"자기에게 말해 주는 것이다. 다른 사람이 이룬 일은 나도 반드시 할 수 있다고 말이다."

더 나이 들면 무슨 일이 일어날지, 결국 늙음의 끝에서 마주하게 될 죽음이 무엇인지는 알 수 없지만, 죽음은 미지의 영역이 아닙니다.

젊은이가 나이 드는 것을 기쁘게 기다리고, 또 지금 노년을 지나는 사람이 젊은 시절과는 다른 기쁨을 느끼며 살아갈 용기를 얻는 데 이 책이 일조하기를 바라는 마음입니다.

이 책을 완성하는 데 도움을 준 요코타 노리히코, 구와타 가즈야, 오오하타 노리코에게 진심으로 감사드립니다.

기시미 이치로

맺음말

# 나이들 용기

**1판 1쇄 인쇄** 2025년 4월 30일
**1판 1쇄 발행** 2025년 5월 21일

**지은이** 기시미 이치로
**옮긴이** 김지윤
**펴낸이** 김영곤
**펴낸곳** (주)북이십일 21세기북스

TF팀 팀장 김종민
**기획편집** 진상원 **마케팅** 이민재 정성은
**편집** 김화영 **디자인** design S
**영업팀** 한충희 장철용 강경남 황성진 김도연
**제작팀** 이영민 권경민
**해외기획팀** 최연순 소은선 홍희정

**출판등록** 2000년 5월 6일 제406-2003-061호
**주소** (10881) 경기도 파주시 회동길 201(문발동)
**대표전화** 031-955-2100 **팩스** 031-955-2151 **이메일** book21@book21.co.kr

ISBN 979-11-7357-246-3   03180

**(주)북이십일** 경계를 허무는 콘텐츠 리더

21세기북스 채널에서 도서 정보와 다양한 영상자료, 이벤트를 만나세요!
**페이스북** facebook.com/21cbooks **포스트** post.naver.com/21c_editors
**인스타그램** instagram.com/jiinpill21 **홈페이지** www.book21.com
**유튜브** youtube.com/book21pub

## 중년의 위기를 인생의 기회로 전환하는 융 심리학

# 마흔에 읽는 융 심리학

지금껏 나는 누구를 살아온 걸까?
불안과 공허함이 의미와 충만함으로
바뀌는 자기 발견의 심리학

제임스 홀리스 지음 | 정명진 옮김
값 22,000원 | 380쪽

## 바쁜 당신을 위한 초간단 & 초고효율 운동법

# 60초 스트레칭

전신 스트레칭부터
소화불량, 수족냉증 개선까지
병원에서만 알려주는 시크릿 가이드

오민규 지음 | 값 25,000원 | 196쪽

## 인생을 경쾌한 성공으로 이끄는 성장 심리학

# 마음 지구력

지속가능한 삶의 정답은
결국 적절함에 있다!
잘 넘어지고 잘 일어서는 회복력의 힘

윤홍균 지음 | 값 22,000원 | 332쪽

---

## 심리학 · 뇌과학이 알려주는 자신감 회복 훈련

# 임포스터 심리학

부정적인 생각을 받아들여라!
감정의 주도권을 되찾는
심리적 유연성의 힘

질 스토다드 지음 | 이은경 옮김
값 24,000원 | 336쪽